# 보라, 네 왕이 네게 오신다

루터의 설교를 듣는다

# 보라,
# 네 왕이
# 네게 오신다

## 루터의 설교를 듣는다

마틴 루터 저

권진호 번역 | 해설

## 목차

들어가는 말 - 7
일러두기 - 15

### I. 오직 그리스도

1. 보라, 네 왕이 네게 오신다 (마 21:1-9) - 19
2. 한 아기가 우리에게 났고 (사 9:6) - 35
3. 네 죄짐으로 나를 수고롭게 하며 (그리스도의 고난 역사) - 48
4. 그리스도의 떠나가심과 유익 (요 14:28-31) - 62

### II. 그리스도인의 삶

5. 재물, 소유할 것인가 섬길 것인가 (마 6:24-34) - 85
6. 섬김의 모범되신 예수 그리스도 (빌 2:5-8) - 106
7. 그리스도의 마음을 품으라 (빌 2:5-6) - 123
8. 감사와 배은망덕 (눅 17:11-19) - 138
9. 이성적 기쁨, 성도의 기쁨 (빌 4:4-7) - 151

## III. 그리스도인의 본질

10. 그리스도와 그리스도인 (요 20:11-18) – 165
11. 하나님의 거처인 그리스도인 (요 14:23-27) – 186
12. 그리스도인의 두 소명 (엡 4:1-10) – 203
13. 세 종류의 삶 (히 9:1-15) – 222

## IV. 설교의 의미

14. 부활의 방해자, 사탄 (그리스도의 부활 역사) – 241
15. 말씀이 없다면 빈 무덤뿐 (그리스도의 부활 역사) – 258
16. 설교자의 모범되신 예수님 (마 5:1-2) – 278

## V. 고난의 의미

17. 세상에서는 환난을, 그리스도 안에서는 평안을 (요 16:33) – 289
18. 버림받으신 예수 그리스도 (요 18:1-3) – 305

설교 출처 – 319
참고문헌 – 324

## 들어가는 말

2000년 교회 역사에서 기독교 교회가 하나님의 말씀을 선포하는 설교와 흥망성쇠를 같이했다는 것은 부인할 수 없는 사실이다. 교회는 설교와 함께, 설교 안에서, 그리고 설교를 통해 서고 자라며 발전하였다. 설교가 교회 역사에서 하나님을 섬기는 일 가운데 가장 중요한 요소로 여겨지게 된 것은 루터의 종교개혁과 깊이 관련되어 있다. 루터가 중세 가톨릭교회 예배와 구별하여 강조한 점은 바로 설교 없는 예배란 있을 수 없다는 사실이다. 루터는 1523년과 1526년에 쓴 예배 개혁에 관한 글을 통하여, 교회는 오직 하나님의 말씀이 설교 되고 하나님께 기도하기 위한 목적으로 모여야 한다고 강조했다.

모든 것이 하나님의 말씀에 달려 있다. (...) 말씀 이외에 모든 것

---

1 권진호, "설교, 가장 위대한 예배", 「기독교세계」,1078 (2021.9), 38-41 일부 수정함.

은 중지되어야 하고, 말씀보다 더 가치를 두어야 할 것은 없다.[2]

1544년 10월 5일 '첫 번째 개신교 교회 건축물'로 알려진 토르가우(Torgau) 성(城)교회에서 봉헌예배가 드려졌다. 이 예배에서 루터는 다음과 같은 말로 설교를 시작한다.

이 새로운 성전이 세워진 목적은 성전에서 다음과 같은 일만 이루어지도록 하기 위함입니다. 즉 사랑하는 우리 주님 자신이 거룩한 말씀을 통해 우리에게 말씀하시고 우리는 기도와 찬양으로 주님께 대답하는 일입니다.[3]

교회와 예배 본질에 대한 루터의 신학이 분명하게 엿보이는 대목이다. 교회 혹은 예배에서 이루어져야 할 핵심은 바로 하나님 말씀의 선포이며, 이에 대해 교인들은 기도와 찬양으로 응답해야 한다. 하나님의 말씀인 설교는 이렇게 루터를 통해 교회의 본질적인 핵심요소가 되었다.

설교의 가치를 높이 평가한 루터에게 설교는 '최고이자 최상으로 하나님을 섬기는 일(예배)'이었다. 루터는 1532년 8월 18일 작센의 선제후 요한(Johann der Beständige, 1468-1532)의 장례식에서 다음과 같이 설교했다.

---
2  WA 12,37,26 이하.
3  루터/이성덕 역, 『설교집 1』 (서울: 컨콜디아사, 2017), 417~8 참조.

여러분도 아시다시피 가장 위대한 예배는 설교입니다. 설교는 가장 위대한 예배일뿐만 아니라 우리가 드릴 수 있는 최상의 예배입니다. 이러한 엄숙한 슬픔의 상황에서 설교하는 것보다 더 좋은 일은 있을 수 없습니다.[4]

설교의 중요성과 맞물려 설교자의 위상도 높아진다.[5] 하나님은 설교자의 설교를 통해 일하신다. 설교란 '하나님께서 말씀하시는 것'(deus loquens)이다. 다시 말해 인간의 일이 아니라 하나님 자신의 일이라는 것이다. 하나님이 홀로 설교사가 되시기에 설교사는 '하나님께서 말씀하시는 수단인 혀를 가진 도구'에 불과하다. 설교에서 설교자는 하나님을 대신하여 말하는 것이기에 모든 설교자들은 소명에 대해 확신해야 한다고 루터는 권고한다. 설교자들의 확신에 대한 루터의 신념은 다음에서 잘 나타난다.

> 설교자는 하나님께서 자신의 입속에 계심(자신의 입으로 말씀하심)을 확신해야 한다. (…) 설교자는 자신의 설교가 하나님 자신이 설교하시는 것이라는 확신을 가져야 한다.[6]

---

4 참조. 권진호, "루터의 장례설교에 나타난 그리스도인의 죽음에 관한 고찰", 「한국교회사학회지」, 28 (2011), 165-195.
5 참조. 권진호, "마틴 루터의 설교 이해", 「신학과 현장」, 22 (2012), 277-304.
6 WA 15,521,7-9.

이런 점에서 설교의 말씀은 하나님의 말씀과 동일한 것이다. 이러한 동일시야말로 설교에 최고의 권위를 부여하는 것이다. 설교자의 입은 곧 그리스도의 입이기 때문이다. 따라서 설교자는 하나님의 대리자로서 사도들과 동등한 위치와 권위를 갖고 있음을 확신해야 한다.

루터는 하나님이 맡겨주신 일에는 성령이 함께한다고 주장한다. 예수님이 제자들을 보내시면서 그들에게 성령을 주신 것처럼 설교자에게도 마찬가지다. 만일 설교자의 인격과 경건에 근거하여 성령이 주어진다면, 설교직은 동요하고 흔들릴 것이다. 설교자의 인격과 경건은 항상 동일한 것이 아니라 동요하며 변덕스럽기 때문이다. 그러나 예수님은 설교자의 인격에 근거해서가 아니라 설교직에 근거하여 성령을 주신다. 그러므로 설교직은 흔들리거나 변덕스럽지 않고, 오히려 죄 사함과 성령에 대한 확고한 보증이 된다. 물론 루터는 성령 받음이 개인적인 것임을 부인하지 않았다. 아니, 개인적으로 성령을 받는 것이 최상이라고 보았다. 하지만 동시에 나쁜 목사, 악한 설교자라도 성령이 함께한다고 보았다. 목사직이나 설교직은 사람에게 속한 것이 아니라 그리스도가 부여하신 직무이기 때문이다. 성령은 개인이 아니라 그들에게 부여된 직무 때문에 주어진 것이라는 점이 루터가 강조하는 부분이다.

그리스도는 성령을 기독교와 모든 설교자와 목사들에게 주어 이들로 하여금 가르치고 위로하며 권면하도록 하였다. 만일 그렇지 않다면 모든 것은 불확실해질 수밖에 없다. 나는 아마도 내일 다시 세례를 받아야 할 것이다. 왜냐하면 세례 베푸는 자가 신실한 믿음과 바른 인격이 있는지를 알지 못하기 때문이다. 그러므로 우리는 설교자가 경건한지, 성령을 소유하고 있는지는 설교자의 양심에 맡겨야 하고, 그 대신 그가 세례를 베풀고 설교하며 죄를 사하는 권세가 있음을 확신해야 한다. 이것은 그 사람의 직무가 아니라 그리스도의 직무이자 그리스도가 주신 직무이기 때문이다.[7]

루터는 오늘 유다가 살아서 강단에서 설교한다면, 자신은 그 설교를 배척하지 않을 것이라고 말한다. 하나님의 말씀이 설교되면 이것은 베드로가 하든 유다가 하든 결국 하나님의 말씀이기 때문이다. 설교를 듣는 사람은 설교자의 입과 말씀이 "설교자 개인의 것이 아니라 성령의 말씀이자 설교"라는 사실을 확신해야 하며, 이 설교자의 설교를 통해 성령께서 믿음을 주시고 거룩하게 하심을 믿어야 한다. 설교자의 설교는 바로 하나님의 설교이기 때문이다.

설교와 설교자의 중요성에 대해 다음 사실을 덧붙이고 싶다. 설교자에게는 위치에 걸맞은 특권만이 주어진 것이 아니라 상당히

---

7  WA 29,305,8-14.

큰 위험과 고난도 있다는 사실이다. 루터는 설교직이 어렵고 위험한 직책임을 확신하였다. 설교자는 말씀에만 근거한 (즉 청중의 입맛을 고려하지 않고 진실만을 말하고 책망하는) 설교로 인해 시련과 박해를 받을 수 있기 때문이다. 사실, 복음을 분명하게 이해하고 오해의 여지 없이 설교하는 사람은 설교단 아래의 '박수갈채가 아닌 저항'을 예비해야만 한다. 반대로 나쁜 설교자, 즉 설교자의 임무인 오직 그리스도를 설교하지 않는 설교자는 "(독일을 위협하는) 10만 명의 이슬람인들보다 더 해롭다."[8]

단 한 번의 설교만으로 많은 이들을 멸망의 길로 인도할 수 있기 때문이다. 뿐만 아니라 설교자는 설령 많은 사람을 하나님께 인도했어도 자신의 경건치 않음으로 사탄에게 떨어지는 경우가 있다고 루터는 경고한다.

다음 루터의 말은 한국교회 모든 목회자들이 자신의 존엄한 지위를 깨닫고 소명을 재발견하기에 충분할 것이다.

> 성직자가 얼마나 탁월한 직무를 갖고 있는지를 보시오! 성직자 자신은 그리스도를 하늘로부터 모셔 올 수 있습니다. 그리스도의 어머니도 할 수 없는 일입니다. (...) 성직자는 천사들이나 마리아보다도 더 낫습니다. 왜냐하면 설교하기 때문입니다.[9]

---

8  WA 9,671,33–34.
9  WA 29,175,10–13.

***

역자는 2011년에 출간한 루터의 설교에 관한 『루터에게 설교를 맡겨라』에 있는 설교들과 여기에 몇 편의 설교를 추가하여 한 권의 책으로 내놓는다. 오늘날 한국교회의 그리스도인들이 복음의 진수를 전한 루터의 설교를 읽어 은혜를 받고 영적인 부흥의 역사가 있기를 바라는 마음에서다. 이 책이 참되고 복음적인 설교를 추구하는 모든 그리스도인, 특히 신학생과 목회자들에게 복음적인 설교의 안내서가 되기를 바란다.

이 책이 나오는데 감사해야 할 분들이 많다. 먼저 2021년 1학기 "루터의 칭의론" 세미나에서 구원에 관한 루터의 설교를 가지고 한 학기 같이 공부하며 수고한 목원대학교 신대원생들에게 고마움을 전한다. 루터의 설교와 칭의론에 관심을 가지고 수업에 참여하며 토론을 나눈 그들의 열정이 이 책을 출간하게 하는 큰 자극과 원동력이 되었다. 이들이 장차 오직 복음만을 선포하여 한국교회에 귀하게 쓰임 받고 한국교회를 살리는 일꾼들이 되기를 기도한다. 그리고 루터의 설교를 성실하게 읽고 교정해 준 박보영 권사님, 손주영 신학생, 그리고 큰딸아이와 아내에게 감사의 마음을 전한다.

2021년 10월 종교개혁주일을 앞두고
권 진 호

## 일러두기

1. 루터의 설교문에 있는 문단별 소제목은 내용 이해를 돕기 위해 역자가 붙인 것이다. 설교 제목도 마찬가지다. 번역은 원문의 의미를 그대로 전달하는 것을 원칙으로 하지만 이해를 위해 의역을 하기도 하였다.

2. 성서의 인용은 원칙적으로 개역개정을 근거로 하고 경우에 따라 의미의 정확성을 위해 루터의 설교에서 인용된 성서를 직접 사용하기도 하였다.

3. 설교 장소에 대해 특별한 언급이 없는 것은 루터가 설교 목사로 활동한 비텐베르크 시립교회에서 이루어진 것이다. 설교 배경과 설명은 각 설교의 끝에 간단히 붙였고, 그 출처는 책 끝에 추가하였다. 설교에 대한 자세한 설명과 주제에 관해서는 『루터에게 설교를 맡겨라』를 참조하기 바란다.

4. WA는 Weimarer Ausgabe의 루터 작품을 의미한다. WA 6,10,7는 루터 작품 바이마르 전집 6권 10쪽 7번째 줄을 뜻한다.

# I
# 오직 그리스도

설교하는 루터(비텐베르크 시립교회 제단화)

루터의 장미

## 루터 설교 1

# 보라, 네 왕이 네게 오신다

성서 본문: 마태복음 21장 1-9절

오늘 말씀은 일반적으로 일 년에 두 번 설교 되는, 이미 널리 알려진 복음서입니다.[10]

설교란 하나님을 찬양하고 우리 자신을 가르치고 권면하는 일이기에 저는 오늘도 이 일을 위해 설교하려고 합니다.

### 대강절의 의미

오늘은 주님의 강림이 시작되는 절기(대강절)입니다. 이 절기에 우리는 말로 다 표현할 수 없는 큰 자비를 얻습니다. 바로 하나님께서 마리아를 통해 이 세상에 보내신 자비입니다. 이것은

---

10  마태복음 21장 1-9절은 대강절과 종려주일에 해당하는 교회력 성구다.

하나님께서 이미 오래전 선지자들을 통해 예언하신 것입니다. 우리는 이 형용할 수 없는 커다란 선물에 감사하고 기뻐해야 하지 뻔뻔한 세상처럼 이 일에 게을러서는 안 됩니다. 우리가 크게 기뻐하도록 마태는 스가랴 선지자의 말씀을 인용합니다.

시온의 딸아, 크게 기뻐할지어다. 예루살렘의 딸아, 즐거이 부를지어다. 보라, 네 왕이 네게 임하시나니 그는 공의로우시며 구원을 베푸시며 겸손하여서 나귀를 타시나니(슥 9:9).

이것이야말로 우리를 기쁘게 하는, 열정적이고 사랑스러우며 달콤한 말씀입니다. 이 말씀은 우리의 왕을 매우 친근하게 묘사하고 있습니다. 그분으로 인해 인간의 마음은 크게 기뻐하고 환호합니다. 특히, 이 왕을 필요로 하는 마음이라면 더욱 그렇습니다. 왕을 필요로 하지 않는 자들은 시온의 딸이 아니라 바벨론의 딸이라고 불리는 자들입니다. 스가랴 선지자의 말씀은 바벨론의 딸에게 주어진 것이 아니라 슬픈 마음을 갖고 사망에 사로잡혀 있는 자들에게 선포된 것입니다.

선지자는 또한 시온의 딸에게 말합니다. "노래할 수 있는 자들은 기뻐하며 노래하라." 제 마음도 기쁨으로 "보라, 네 왕이 네게 오셨다"라고 찬양하기를 원합니다. 여러분은 지금까지 왕과 주인 없이 살았습니다. 아니, 죽음과 사탄에 사로잡혀 그들의 지배 아래 있고 사탄처럼 지옥에 속해 있었습니다. 또한 여러분은 불신앙과 절망 속에 있었고 미움과 시기, 그리고 악한 양심과 죽음 가운데 갇혀 살았습니다. 이런 모든 것들이 여러분의 주인이었습니다.

그러나 이제 여러분의 보호자가 되기를 원하는 분이 오십니다. 여러분은 그 보호자 아래에서 죽음과 사탄, 그리고 다른 모든 적대자를 막아낼 수 있습니다. 이것은 여러분이 갈망했던 바입니다. 여러분은 자유를 원했고 더 이상 사탄과 죽음의 포로가 되지 않기 위해 왕이 오시기를 원했습니다. 이제 그 왕을 갖게 되었습니다. 여러분의 소원은 이루어졌습니다. 그러므로 기뻐하고 춤추며 뛰십시오!

### 가난하게 오셨지만 실제로는 부유하신 왕

그럼 이 왕은 어떻게 오실까요? 여기서 유대인과 경건한 이들이 서로 갈라집니다. 유대인들은 이 왕을 육체적인 방법으로 갖기를 원하지만, 경건한 이들은 영적으로 기대합니다. 이 왕은 유대인들이 꿈꿔온 것처럼 말과 총과 갑옷을 갖추고 트럼펫과 나팔을 불며 오시지 않았습니다. 이런 왕을 기다린 사람들은 그로부터 자신의 배를 채우려 하는 자들입니다. 이 왕은 유대인들이 멋있고 화려하며 부유한 인생을 살도록 곡식과 돈이 가득한 주머니와 포도주가 가득한 창고를 갖고 오시지 않았습니다. 하지만 유대인들은 오늘도 이런 왕을 기다리고 있습니다. 육신에 눈먼 사람은 이 왕으로부터 세상적인 것 외에는 다른 어떤 것도 바라지 않습니다.

그러나 여러분, 눈을 뜨십시오! 여러분의 왕이 오신 것은 여러분의 배를 채우기 위해서가 아닙니다. 하나님은 이미 태초에 인간들에게 먹을 것과 마실 것을 주도록 땅에 명령하셨습니다(참조. 창 1:29-30). 여러분의 왕이 입고 있는 옷과 갑옷 장식은 바로 그의 충만한 의를 뜻합니다. 여러분은 여러분의 왕이 금과 은 없이, 이 세상의 어떤 장식품 없이 오시는 것을 보아야 합니다. 하지만 그의 의는 밝게 빛나서 태양이나 달, 그리고 별조차 그의 옷에 비하면 보잘것없고 어두울 정도입니다.

그의 첫 번째 장식품이 '의'라면 두 번째 장식품은 '구원'입니다. 눈을 뜨고 귀를 열어 이해하십시오! 여러분의 이성이 아니라 제 말을 믿으십시오. 그렇지 않고 단지 여러분이 보는 것을 따른다면 "저 왕은 평범하네"라고 말하게 될 것입니다. 결국 여러분은 이 왕으로부터 어떤 즐거움이나 위로를 얻기보다 그를 가난한 거지와 같은 시시한 왕으로 여기게 될 것입니다. 영의 눈을 가지고 그를 바라보십시오! 그의 장신구와 장식은 엄청나서 누구도 충분히 이해할 수 없을 정도입니다. 그 장식이 무엇입니까? 바로 '의'와 '구원'입니다. 그는 우리에게 의와 구원이라는 값진 보석을 가져다주십니다. 여러분은 그 '의'와 '구원'으로 옷 입어야 합니다.

### 그리스도가 주시는 첫 번째 장식품

그리스도의 첫 번째 장식품은 '의'입니다. 전 세계를 둘러보면 임금과 황제들은 왕관, 보석, 반지, 목걸이 등을 걸치고 있습니다. 하지만 이것들은 그리스도의 장식품에 비하면 추하고 보잘것 없습니다. 이것이 풍기는 악취는 지옥에도 없는 죄와 같습니다. 세상 왕들이 아무리 순금으로 장식했더라도 죄, 불신앙, 비방, 인색함과 악의로 그의 비곗덩어리를 치장한 것에 불과합니다. 여러분의 왕, 그리스도 밖에 있는 모든 자들이 여기에 해당합니다. 그리스도는 의로 가득합니다. 그리스도의 장식품과 달리 온 세상과 그 왕들의 장식품은 금입니다. 하지만 이것은 죄로 가득 차 있을 뿐입니다.

여러분의 왕이 나귀를 타고 오신다고 그분에게 무슨 해가 되겠습니까? 아닙니다. 그분은 죄가 전혀 없고 오직 의만 가지고 계실 뿐입니다. 그러므로 그분이 가난한 모습으로 다가오는 것에 관심 두지 마십시오! 물론 세상 왕들이 왕관과 금장식 등을 걸친다고 모두 불의한 것은 아닙니다. 우리는 단지 그들과 우리 왕을 비교한 것일 뿐입니다. 세상 왕들의 모든 것은 우리 왕이 가진 것에 비하면 아무것도 아닙니다.

우리의 왕은 우리를 위로하기 위해 죄와 싸우러 오셨고, 우리를 그분의 장식품으로 꾸며주십니다. 이렇게 함으로써 우리를 경건하고 의롭게 만드십니다. 그러므로 우리는 이 말씀을 잘 이해해야 합니다. 제가 예전에 "하나님은 의로우시다"는 말씀을 읽었을 때 놀라움을 금치 못했습니다.[11] 당시 제가 생각한 '의'는 누군가에게 정당하게 행하는 것이었기 때문입니다.[12] 그래서 저

---

[11] 종교개혁 사상을 깨닫기 전에 가졌던 '하나님의 의'에 대한 생각을 말한다.
[12] 루터가 과거에 생각했던 '의'란 불의함에 대해 재판하듯이 검사하고 책임을 묻는 행위였다. 루터는 하나님께서 이런 방식으로 의로우시다면 죄인 된 인간은 하나님 앞에서 전혀 구원의 가망 없이 버림받게 된다고 생각했다.

는 그런 의로우신 하나님보다는 자비로우신 하나님을 원했습니다. 결국 복음에 나타난 의가 바로 말로 다 표현할 수 없는 하나님의 자비임을 깨닫게 되었습니다. 그리스도께서는 우리 죄를 제하시고 자신의 의로 우리를 장식해 주셨습니다.[13] 그리스도는 여러분을 저주하기 위해 법정에서 여러분과 논쟁하려고 오신 것이 아닙니다. 오히려 그리스도는 죄에서 벗어날 수 없는 불의한 여러분을 의롭게 만들기 원하셔서 오셨습니다. 그래서 그리스도는 '의로운 자'라고 불리십니다.

카르투지오 수도사들조차[14] 사소한 죄 때문에 자신들의 양심을 평온하게 할 수 없습니다. 여러분도 자신의 의를 가지고 오류와 불신앙으로부터 벗어날 수 없습니다. 왜냐하면 사탄의 힘이 여러분을 속박하고 있기 때문입니다. 그러나 여러분이 지금 죄 가운데 있고 양심이 당황할 정도로 악할 때, 여러분의 왕은 오셔서 여러분의 죄를 가져가십니다. 그뿐 아니라 자신의 의로써 여러분을 강하게 하셔서 여러분이 이후로 더 이상 과거처럼 죄

---

[13] '하나님의 의에 대한 이러한 이해는 루터가 종교개혁 사상을 발견하는 분수령에 해당한다. 이것으로 루터는 그리스도가 이 땅에 오신 사건에 대해 성서적인 인식에 도달하게 되었다.
[14] 카르투지오 교단은 절대적 침묵을 중심으로 하는 매우 엄격하고 거룩한 수도사 교단이다. 부루노(Bruno)가 1084년 그레노블(Grenoble) 근처의 카르투지오(Chartreuse)에 세운 수도회이다. 특히 "카르투지오 수도회는 개혁된 적이 없다. 왜냐하면 변질된 적이 없기 때문이다"로 널리 알려졌다.

짓지 않게 하며 죄짓는 것을 중단하게 하십니다.

'의', 바로 이것이 여러분의 왕이 여러분을 장식하기 원하는 첫 번째 옷입니다. 이것은 여러분 자신의 힘으로는 결코 만들 수 없는 장식입니다. 그분은 자신의 의로 옷 입혀주심으로 우리를 자신처럼 의롭고 거룩하게 하십니다. 어느 누가 이러한 사실을 정확하게 마음속 깊이 새길 수 있을까요? 진정 우리의 죄는 제거되었고 우리는 그분의 의로 장식될 것이기 때문에 크게 기뻐하지 않을 수 없습니다.

그러나 세상은 이러한 사실에 격분하고 혼란스러워합니다. 왜냐하면 세상은 자신의 행위와 자기 의를 의지하려 하기 때문입니다. 복음의 가르침은 오늘날 비난받고 있습니다. 사람들은 우리가 선행을 방해하며 선행을 하도록 가르치지 않는다고 모함합니다.[15]

그러면 우리 자신의 행위와 공로로 의로워진다고 설교해야 합니까? 금식과 기도 등으로 의롭게 될 수 있다면 우리에게 오시는 왕과 그의 의가 왜 필요하겠습니까?

왕과 그의 의에 대한 설교는 위로로 가득 차 있습니다. 동시

---

15 루터가 설교한 '오직 믿음으로'(sola fide)는 당시에 선행을 거부하거나 무시하는 가르침이라는 비난을 받기도 했다.

에 이 설교는 믿지 않는 자들을 언짢게 합니다. 그들에게 악의에 찬 마음을 갖게 하여 이런 설교를 전하는 자들을 싫어하게 만듭니다. 만약 우리가 이 왕을 포기하고 자신의 행위로 경건하고자 한다면 우리는 세상을 친구로 갖게 될 것입니다.

그러나 우리는 "가련한 죄인이요, 수도원이나 성지순례를 통해 행한 모든 것은 나를 의롭게 하는 데 아무 도움도 주지 못합니다"라고 말해야 합니다.[16]

왜냐하면 오늘 복음의 말씀(21:5-9)이 "그가 오신다"라고 말하기 때문입니다. 그분은 저와 여러분에게 자신의 의를 선물로 주시기 위해 오십니다. 여러분이 이 말씀을 믿는다면 그의 의를 갖게 되고 기뻐할 수밖에 없습니다. 만일 여러분이 기뻐할 수 없다면 그것은 자신의 죄를 깨닫지 못하기 때문입니다.

여러분의 왕은 여러분이 구원자, 즉 그분 자신을 통해 죄에 대해 승리자가 되기를 원하십니다. 여러분이 그를 통해 죄와 죽음, 그리고 사탄을 이기는 자가 되기를 원하십니다.

---

16  사람들이 하나님 앞에서 공로를 얻고자 했던 당시의 노력을 말하는 것이다. 즉 많은 수도원에서의 수도의 삶 그리고 형벌의 면죄와 관련되어 성지를 순례하는 것 등이다

### 그리스도가 주시는 두 번째 장식

이러한 말씀을 믿는다면 여러분은 온갖 보물을 갖게 됩니다. 첫째, 죄에서 깨끗함을 받고 의를 얻습니다. 둘째, 죽음에서 자유하게 되고 그리스도로부터 구원과 도움을 얻을 수 있게 됩니다. 다시 말씀드리면, 그분을 통해 여러분에게 의와 행복한 삶이 찾아옵니다. 그분은 죽음과 죄를 제거하십니다. 여러분은 죄인 대신 경건한 자가 되고 죽음 대신에 생명을 갖게 됩니다.

여러분 자신을 쳐다보며 여러분이 가진 두 가지 보물과 세상의 힘을 비교해 보시기 바랍니다. 생명에 비하면 세상 왕들이 가진 모든 보물이 무슨 가치가 있겠습니까? 세상의 왕들은 단 한 사람도 죽음에서 구할 수 없습니다. 또한 모든 수도사의 거룩함과 높은 위치에 있는 사람들의 지혜를 여러분의 왕이 가진 보물에 비교할 수 있겠습니까? 그들 역시 단 한 사람의 양심도 위로할 수 없습니다. 심지어 매우 사소한 죄에 대해서조차 아무것도 하지 못합니다.

그러나 여러분에게 오시는 왕은 죄 앞에서 위로를 주실 뿐 아니라 여러분에게 영원한 위로와 그리스도의 의를 주십니다.

그 결과 순수하고 확실한 의가 생깁니다. 이 의는 결코 우리 자신을 근거로 하는 것이 아닙니다. 왜냐하면 인간은 불확실하기 때문입니다. 우리의 의는 누구도 파괴하지 못하는 안전한 곳, 바로 그분 안에 있습니다. 우리의 생명(구원)도 마찬가지로 그분 안에 있습니다.

**가난한 왕에 대한 숙고**

다시 한번 숙고해야 할 사실은 그 왕은 마치 거지처럼 '가난한 자'로 오셨다는 것입니다. 이 점을 다시 한번 명심해야 합니다. 우리는 이 사실에 화를 내서는 안 됩니다. 그는 세상의 왕처럼 오시지 않았습니다. 그렇다고 이 왕의 장식품과 의를 입으려 하는 사람들 억시 서시가 되어야 하고, 또 아무것도 소유하지 않고 살아야 한다는 의미는 아닙니다. 그런 말에 현혹되지 않기 바랍니다.

사탄은 모든 가르침은 참을 수 있을지언정 왕이신 그리스도가 가난한 자로 오셨다는 가르침만은 참지 못합니다. 사탄은 그리스도가 권력이 아니라 겸손과 온유함을 갖고 계시다는 가르침을 경멸합니다.[17].

그러므로 이 가르침을 확고하게 붙잡기 원하는 사람은 가난한 그리스도에 대해 화내지 마십시오. 세상을 어리석고 미련한 상태로 있게 내버려 두기 바랍니다.

오늘 복음이 전해주는 말씀에 따라 우리는 하나님께 감사해야 합니다. 또한 즐거움과 기쁨으로 하나님께 감사드리는 것에 열중해야 합니다. 그리스도를 죽였던 유대인들처럼 배은망덕해서는 안 됩니다. 오늘도 우리는 그리스도가 많은 이들에 의해 업신여겨지고 있는 것을 봅니다. 예루살렘과 자신의 동네에서 업신여김을 받으셨던 것처럼 지금도 세상 곳곳에서 그러합니다.

그러나 여러분은 나뭇가지를 꺾어 그분이 가는 길에 깔고 "호산나 다윗의 자손이여, 찬송하리로다. 주의 이름으로 오시는 이여, 가장 높은 곳에서 호산나!"라고 감사 찬송을 부른 무리들 가운데 서 있도록 힘쓰기 바랍니다.[18]

---

17 다른 사본에는 "그리스도는 부엌데기이다"(aschenprudel)로 되어있다. 이 단어는 루터가 자주 사용한 말이다. 그림 형제의 동화 중 하나가 이 제목(우리말로 신데렐라)으로 되어있는데, '재투성이 아가씨', '가련한 처지'를 뜻한다고 보면 좋을 듯하다

18 뉘른베르크(Nürnberg) 사본에는 설교 마지막에 '교리문답에 관한 설교'에 대한 권고가 나와 있다. 루터 자신도 신학박사로서 매일 교리문답을 암송했음을 고백하며 교리문답의 중요성을 강조한다. 그는 특히 임종 전의 많은 노인들이 교리문답의 내용, 특히 주기도문과 십계명을 모르고 있다는 사실을 지적하며 교리문답 설교에 관심을 가질 것을 권면한다.

## 설교 해설

　이 설교는 1531년 12월 3일 대강절 제1주에 비텐베르크에서 행해졌다. 설교에서 본문으로 사용된 마태복음 21장 1-9절은 대강절 제1주 설교에 가장 빈번히 사용되는 본문이기도 하다.[19] 사실 이 구절은 루터에 의해 자주 알레고리적으로 해석되었지만[20] 이 설교에서는 그렇지 않다. 설교는 본문 전체를 강해하기 보다 "보라, 네 왕이 네게 오신다"는 구절에 초점을 맞춰 '그리스도가 주시는 선물'에 대해 주로 다루고 있다.

---

19　마태복음 21장 1절 이하는 대강절 제1주 설교에서 18회 이상 사용되었다. 이 구절은 종려주일에도 8회 이상 설교 본문으로 사용되었다. 그 외에 누가복음 21장 25절 이하가 대강절 제2주 설교에서 많이 사용되었고(15회 이상), 마태복음 11장 2절 이하가 대강절 제3주 설교에서(13회 이상; 제2주 설교에 한 번 사용), 요한복음 1장 19절 이하가 대강절 제4주 설교에서 자주 사용되었다(14회 이상; 제3주 설교에 한 번 사용).

20　마태복음 21장 1-9절 말씀은 1524년까지 주로 알레고리적으로 해석되었다. 1519년의 설교를 예로 보면 예수님이 두 제자를 보내신 것을 하나님의 말씀을 설교하는 것으로 해석하고 있다. 나귀와 그 새끼는 한때 율법 아래에 있던 우리 모두를 뜻하는데, 나귀는 사람을 태우고 있지만 나귀 새끼는 아직 사람이나 짐을 싣지 않았다. 이것은 우리가 외적으로만 율법과 그 행위를 행하지, 내적으로는 전심으로 율법에 거스르고 율법을 미워한다는 의미다. 그러나 새끼가 이미 그리스도가 타시도록 준비되어있는 것처럼, 우리는 사도와 설교자들이 선포하는 하나님 말씀을 통해 그리스도로 인도된다. 이것은 우리가 이제 하나님을 영적으로 섬기고 그분에게 자발적인 헌신과 사랑으로 순종한다는 의미다. 우리의 새끼 나귀가 오직 주인(그리스도)에 의해 길들여지고 조종된다면, 이것은 우리의 감정이 그의 은혜로 변화됨을 의미한다. 그리스도만 태우려고 준비한 나귀 새끼 위에 그리스도가 탄 이후에는 어미 나귀도 자발적으로 뒤따를 준비가 되어 모든 외적이고 육체적인 것도 하나님을 섬기고 하나님 마음에 합하게 된다. 따라서 그리스도는 두 마리의 나귀에 타셔야 하는 것이 된다. 참조. U. Asendorf, Die Theologie Martin Luthers nach seinen Predigten, 62~63.

먼저 루터는 주인 되실 왕의 오심을 설교한다. 이전에는 죄와 죽음, 그리고 사탄이 우리 주인이었지만, 이제는 새로운 왕이 오셔서 주인이 되신다. 이 왕은 세상의 왕과 다르다는 점이 무엇보다 중요하다. 그는 유대인들이 꿈꾼 것처럼 세상의 권력을 가지고 화려하고 부유하게 오신 것이 아니다. 우리를 부유하고 화려하게 살게 하려고 오신 것도 아니다. 오히려 가난한 자의 모습으로 오셨다.

이 왕은 두 가지 장식품으로 자신을 치장하는데, 그것은 바로 '의'와 '구원(생명)'이다. 루터는 특별히 '의'에 관해 자세하게 설교한다. 왕이 가진 의는 의로운 재판관으로서 죄인들을 심판하는 의가 아니라 그를 믿는 자를 의롭게 만드시는 의이다. 그리스도는 우리를 심판하러 오신 것이 아니라, 죄를 용서하고 자신의 의로 옷 입히기 위해 오신 것이다. 여기서 종교적 행위나 삶, 그리고 인간의 공로는 철저히 배제된다. 만약 금식과 기도를 통해서 또는 수도사 같은 생활을 함으로써 의롭게 될 수 있다면, 우리의 왕 그리스도가 오실 이유가 무엇이며 그분의 의가 무엇 때문에 필요하겠느냐고 루터는 반문한다.

이 설교에는 특별히 '탑상체험'으로 불리는 루터의 종교개혁 사상 발견에 대한 언급이 나온다. 바로 '하나님의 의'(iustitia Dei)를 새롭게 이해하게 된 체험이다.[21] 당시 로마 가톨릭교회가 가르친

---

21 이에 대해서는 권진호, "루터의 회심 탑상체험", 「기독교세계」 1072 (2021.2), 34-37 참조.

구원론은 "네 안에 있는 것을 행하라"라는 모토에 잘 드러난다. 최선을 다해 구원에 필요한 전제조건을 충족시키면 누구나 구원받는다는 것이다. 하지만 루터는 아무리 노력해도 자신의 행위를 통해 구원의 확신을 가질 수 없었다. 오히려 죄에 중독된 자처럼 죄의 문제를 해결할 수 없다는 절망에 빠진다. 그러다 로마서 1장 17절에 나오는 '하나님의 의'라는 단어를 만나게 된다. 루터가 생각하는 하나님의 의란 하나님은 의로우시고 의인에게는 상 주시며, 죄인에게는 벌 주시는 그런 속성을 가진 하나님을 의미했다. 재판관 같은 분이라고 생각한 것이다. 따라서 루터는 스스로 구원의 전제조건을 충족시킬 수 없을 뿐 아니라, 오히려 자신의 깊은 내면의 죄로 말미암아 자신이 하나님께 벌과 진노를 받아 마땅한 사람으로 판단했다. '하나님의 의'는 루터에게 즐거운 단어가 아니라 절망의 딘이었다. 그런 루티가 수도원의 연구실에서 날마다 말씀을 묵상하던 중, 바울이 말하는 복음인 하나님의 의를 하나님의 은혜로 새롭게 깨닫는다. 이것이 종교개혁 사상의 발견이다. 이것은 한마디로 죄인된 우리를 의롭게 만드시고 구원하시는 의라는 사실이다. 하나님은 심판하시는 하나님이 아니라 사랑과 자비의 하나님으로 죄인이 구원에 필요한 전제조건을 스스로 충족시키고 이에 필요한 것을 은혜로 주시는 분이다. 루터는 이러한 하나님의 의에 대한 새로운 발견을 통해 천국에 들어가는 체험을 했다고 회고

하며 그 과정을 1545년 "비텐베르크 라틴어 전집 제1권 서문"에서 자세하게 묘사하였다.

## 루터 설교 2

# 한 아기가 우리에게 났고

성서 본문: 이사야 9장 6절

### 우리를 위해 행하시는 그리스도

여러분은 오전에 그리스도의 탄생 역사와 그것을 어떻게 이해해야 할지에 대해 들었습니다.[22]

---

[22] 오전 설교는 '그리스도가 베들레헴에서 태어난 이야기'와 '천사가 들판에 있는 목자들에게 전한 소식'에 관한 누가복음 2장 1-14절을 본문으로 했다. 설교 전반부는 그리스도의 출생 이야기, 그리고 그리스도 왕국과 세상 왕국은 내적으로 구분된다는 내용을 다룬다. 그리스도는 영생의 주이시지만 이 세상에서는 단지 손님이라는 것이 강조되고, 그가 새로운 왕국을 세우기 위해 이 땅에 오셨지만 결코 세상 왕국을 전복하기 위해서는 아니라는 사실이 언급된다. "그는 세상을 사용하지만 지배하지는 않으신다."
설교 후반부에서는 천사가 전해준 소식에 대해 다룬다. "놀라지 말라"라고 전한 천사는 그리스도의 왕국이 이 세상의 왕국이 아니라 하늘의 왕국임을 전한 것이다. 이는 그리스도를 통해 커다란 기쁨이 두려워하는 양심에 주어졌다는 사실을 말하는 것이다. 그리스도는 모든 이들을 위한 '기쁨'이요 '구원자'이지만, 특히 슬퍼하고 낙담한 자들에게 기쁨의 주님이 되신다. 그러므로 루터는 "내 마음이 위로받기 위하여 먼저 놀라고 낙담해야 한다"라고 말한다.

그 내용은 그것으로 충분하고 이제 우리는 그리스도의 탄생이 우리에게 주는 유익에 대해 듣게 될 것입니다. 우선 선지자의 말씀을 들어봅시다. 선지자가 우리에게 불러주는 노래는 다음과 같습니다.

이는 한 아기가 우리에게 났고 한 아들을 우리에게 주신 바 되었는데.

여러분은 어제 이미 이 아기가 어떻게 우리의 것이 되고, 우리가 이 아기를 어떻게 받아들여야 하는지에 대해 들었습니다.[23]

이것으로 우리는 "성령으로 잉태되어 동정녀 마리아에게서 나시고"라는 말씀을 바르게 이해할 수 있습니다. 그런데 이 말씀에 항상 첨가해야 할 말이 있습니다. 그것은 바로 '우리를 위해서'라는 말입니다. 이 아기는 누구를 위해 잉태되어 태어났으며, 누구를 위해 고난을 받으시고 누구를 위해 죽음을 짊어지셨습니까? 바로 우리, 저와 여러분을 위해서입니다. 때문에 '우리'라는 말이 항상 첨가되어야 합니다.[24]

우리의 믿음은 "전능하사 천지를 만드신 하나님 아버지를 믿사

---

마지막으로 그리스도는 마지막 심판에서도 '세상, 육, 악, 사탄으로부터' 우리를 건져내실 것이라고 설교한다.
[23] 12월 24일 루터는 '성령으로 잉태되어'라는 내용에 관하여 설교하며 설교 내용을 이사야 9장 6절과 관련시켰다.
[24] 본문에는 독일어 'Uns uns uns uns', 즉 '우리를 위해서'라는 말이 네 번이나 반복되어 있다.

오며, 그 외아들 우리 주 예수 그리스도를 믿사오니"라고 고백합니다. 그리스도께서 우리의 주, 우리 가족의 가장, 우리 아버지가 되시도록 우리에게로 모셔 들이는 것이 믿음입니다. 교부들은 이것을 잘 적용하여 신앙고백에 적절한 단어를 첨가했습니다. "'우리' 주 예수 그리스도를 믿사오니"라고 말입니다.[25] 사실 '우리'라는 단어를 다음과 같이 신앙고백에 있는 모든 문구에 적용해야 합니다.

> 우리를 위해 잉태되시고, 우리를 위해 태어나시고, 우리를 위해 고난받으시고, 우리를 위해 부활하시고, 우리를 위해 하늘에 오르시고, 우리를 위해 이제 하나님의 우편에 앉아 계십니다.

이렇듯 신앙고백의 모든 것에 '우리를 위해'라는 말이 포함되어야 합니다. '예수 그리스도'란 말은 그 뒤에 "내가 믿사오며"라는 고백이 따라올 때 의미 있는 것처럼, '우리 주'라는 말 역시 모든 문장에서 반복되어야 합니다. 이 말들이 단순하게 읽혀서는 안 됩니다. 모든 것이 우리를 위한 것이요, 우리에게 해당되는 것입니다. 그리스도 자신에게는 결코 이런 일이 필요하지 않으셨습니다. 그분은 주님이시지만 그의 잉태와 출생, 고난과 죽음, 승천과 우편에 앉아 계심은 오히려 우리에게 속한 것이고 우리를 위한 것입니다. 이것

---

25  원문에는 강조를 위해 '우리'(NOSTRUM)란 말이 대문자로 쓰여 있다

들이 우리의 소유라는 사실을 명심하십시오!

## 우리를 위해 인간이 되신 그리스도

이사야 선지자는 "한 아기가 우리에게 났고 한 아들이 우리에게 주어졌다"라고 말합니다. 이것은 마치 요람 옆에 있는 여인들이 "이 아기가 누구냐?"라고 물으면 이사야서를 근거로 "한 아들이요, 그는 우리 것입니다"라고 대답하는 것과 같습니다. 우리가 품에 한 번도 안아보지 않은 아기의 어머니가 된다는 것은 얼마나 놀라운 일입니까! 그가 마치 우리 아들인 것처럼 '우리에게 주어졌으니' 말입니다. 그가 우리 아들이어야 하고 우리에게 속한다는 사실은 우리의 큰 자랑이요, 영광입니다.

하지만 그가 우리를 위해 '태어났다'는 사실만으로는 부족합니다. 그는 또한 우리에게 '주어졌습니다'. '준다'는 말은 무슨 뜻입니까? 그는 바로 우리에게, 우리 손에 주어진 선물이라는 말입니다. 우리는 이것을 위해 무엇인가를 주거나 값을 치를 필요가 없습니다. 이러한 선물을 업신여기는 불신앙적이고 배은망덕한 세상은 저주를 받을 것입니다.

그 아기는 나의 것입니다. 내게 주어진 10굴덴[26]이 내 것인 것처럼 그 아기는 확실히 나의 것입니다. 선지자들이 미리 분명하게 증언한 것을 우리가 어찌 믿지 않을 수 있습니까? 우리가 이 아기를 갖고 있고 안고 있으면서도 그를 믿지 않는다면 그것은 얼마나 부끄러운 일입니까? 우리는 사실 그에 관해 단 한마디라도 들을 자격도, 그를 얻을 자격도 없습니다. 그런데도 우리를 위해 '태어나고'와 '주어진'이라는 두 단어에 주목하시기 바랍니다. '태어난 아기, 주어진 아들.'

## 우리의 정사를 매신 그리스도

그럼 이 아들의 이름은 무엇입니까? "그 어깨에는 정사를 메었고 그 이름은 기묘자, 모사, 전능하신 하나님, 영존하시는 아버지 평강의 왕"(사 9:6)이십니다. 이 내용들은 이미 몇 차례 설교했고 책으로 나와 있으니 참고하시기 바랍니다.[27]

그 아들의 이름은 주(主)입니다. 이것은 천사가 목자들에게 말했던 것입니다. 천사는 그를 '그리스도 구주'라고 말했습니다(눅 2:10 이하). 그러나 그는 평범한 주가 아닙니다. 천사가 그를 주라고

---

26  굴덴(Gulden)은 14-19세기 독일의 금화 및 은화다.
27  루터는 1525년 12월 25일 성탄절에 이사야 9장 2-7절에 대해 설교했고 26일에 다시 이 본문으로 설교하였다. 두 설교는 1526년에 인쇄되었는데 이 설교들을 가리키는 것이다.

불렀을 때, 그는 인간들의 주(主)일 뿐만 아니라 천사들의 주이기도 했습니다. 천사는 다음과 같이 말합니다. "오늘 너희에게 구주가 나셨다". 이 말씀은 구원자이신 그가 우리에게 속한, 우리를 위한 분이라는 사실을 말하는 것입니다. 그는 우리, 즉 저와 여러분의 주이십니다.

이사야는 이 아들의 정사에 대한 말씀에서 천사들이 아니라 오히려 이 세상에 관심을 두고 있습니다. 이사야는 그가 참다운 주로서 그의 어깨 위에 정사가 놓여 있다고 말합니다. 이것은 무슨 의미입니까? 그분은 어깨에 정사를 멘 기이하고 놀라운 주라는 의미입니다. 이 말을 통해 선지자는 그리스도의 왕국이 세상 왕국과 다르다는 것을 알려 주고 있습니다. 그리스도 역시 '백성의 임금들은 주관하며'라고 말씀하십니다(눅 22:25). 다시 말하면 세상의 임금들은 권력을 갖고 법을 집행하며 세상을 엄하게 다스립니다. 물론 악한 자들과 폭군처럼 혹독하게 세상을 다스려서는 안 되겠지요.

이들이 다스리는 세상 왕국에서 하위층의 사람들은 주인, 상관, 가장들을 어깨 위에 짊어집니다. 즉, 이들은 자신의 지배자들을 섬기며 그들을 위해 땀 흘리며 일을 해야만 합니다. 그런데도 지배자들은 이런 사람들에게 매질하고 심지어 사형까지 시킵니다. 저는 지금 선한 세상 정부에 관해 말하는 것이지 폭군에 대해 말하는 것이 아닙니다. 아무리 좋은 지배자들이라 해도 그들 밑에서 지배받는 자들은 그들을 어깨 위에 짊어지는 것이 당연한 일입니다.

그러나 우리를 위해 태어난 아들의 지배는 세상 왕국 방식과는 정반대입니다. 그가 오히려 우리를 짊어집니다. 우리는 그의 어깨 위에 놓여 있습니다. 그는 우리의 일꾼임이 틀림없습니다. 이사야는 세상의 모든 방식과 반대로 그의 통치를 뒤집어 놓은 것입니다.

그리스도의 통치 대상인 그의 땅과 백성은 무엇입니까? 우리 공작(公爵)의 지배 영역은 작센 튀링겐 마이센입니다.[28] 반면 그리스도의 통치 영역은 그리스도를 주(主)로 믿는 모든 신앙인입니다. 그러므로 우리는 그의 백성이요 그의 땅입니다. 그렇다면 그의 통치방식은 어떠합니까? 그는 어깨로, 어깨 위에서 통치합니다. 이 얼마나 놀라운 사실입니까! 그의 통치권은 그의 발밑이나 로마 바벨론이 아니라 바로 그의 '어깨 위에' 있습니다.

---

28  루터의 통치자였던 작센의 선제후 요한(Johann der Beständige, 1525-1532)을 말한다. 선제후는 신성로마제국에서 독일의 황제를 선출할 권리를 가진 제후를 말하는데, 일곱 명의 선제후가 있었다.

## 자신의 백성을 어깨 위에 짊어지시는 그리스도

이것에 관해서는 아무리 능숙한 언변가라도 적절하게 표현하는 것이 부족할 것입니다. 누군가 "그리스도의 나라가 어디에 있느냐? 로마, 콤포스텔라[29], 혹은 비텐베르크냐?"라고 묻는다면 '그의 어깨 위에'라고 짧게 답할 수 있습니다. 저는 십자가를 진 예수가 아니라 교회를 어깨 위에 지고 있는 예수를 그리라고 화가들에게 조언하고 싶습니다.

사악한 교황주의자와 열광주의자, 그리고 농민들 역시 우리와 같이 말씀과 성례전을 갖고 있으며 자신들이 모두 그리스도인임을 자랑하는 것을 우리는 인내해야 합니다. 그리스도의 어깨 위에 놓여 있는 자들, 즉 그를 신뢰하고 잃어버린 양처럼(눅 15:4 이하) 그리스도 어깨 위에 놓인 자들만이 그리스도인입니다. 이것에 대해서는 이사야가 이사야 53장에서 말했습니다. 그리스도가 나를 위해 모든 것을 치렀기에 그의 십자가는 내 죄와 내 죽음 때문이라는 것을 믿는 것이 중요합니다. 우리는 "내가 이 사람의 어깨 위에 놓여 있다는 것 외에는 다른 어떤 위로도 알지 못한다"는 말 외에는 고백할 어떤 것도 없습니다.

---

29  S. Jago di Compostela(성 야고보)는 스페인에 있는 유명한 순례 장소이다.

그의 어깨 위에 놓인 자만이 그리스도인입니다. 그가 우리를 위해 값을 치르고 보상하며 고난받고 우리를 짊어지셨기 때문입니다. 우리가 그를 짊어지는 것이 결코 아닙니다. 그리스도는 섬김을 받으려 하지 않고 오히려 섬기고 짊어지셨습니다(참조. 마 20:28). 그는 다음과 같이 말씀하십니다.

나는 너희에게 모든 것을 주기 원한다. 너의 모든 허물은 나의 어깨 위에 놓여 있다.

성인(聖人)들조차 그리스도 어깨 위에 놓여 있습니다. 이것이 그리스도의 통치권입니다. 그의 어깨 위에 놓여 있지 않은 자들은 그리스도의 통치에 속하지 않은 자들이며 결국 그리스도인이 아닙니다.

이 아들의 특징을 정확하게 아시기 바랍니다. 그의 통치권은 자신의 어깨 위에 있습니다. 그리고 이 통치권의 대상은 바로 그 어깨 위에 있는 우리라는 것을 깨닫기 바랍니다. 우리를 죽이려 하는 교황의 어리석은 추종자들이 이 사실을 깨닫는다면 얼마나 좋을까요? 하지만 그들은 스스로 그리스도를 이리저리 짊어지려고 합니다. 그를 자신의 행위와 공로로 짊어집니다. 하지만 그리스도는 그들에게 너무나 무겁습니다. 양은 오히려 "목자여, 나를 짊어지십시오. 저는 당신을 짊어질 수 없습니다"라고 말해야 합니다.

간혹 목자를 짊어지려 하는 양이 있습니다. 정말 훌륭한 양입니다. 하지만 그리스도는 다음과 같이 말씀하십니다.

내 어깨 위에 앉으라, 너는 많은 죄로 가득 차 있다. 그래도 나는 너를 짊어지기를 원한다. 네 모든 죄가 사해졌다!

세상은 그리스도 왕국의 이러한 보화들을 내던져 버립니다. 이사야는 "너희는 아들을 갖고 있다. 그의 어깨 위에 앉으라"고 말합니다. 우리는 정죄 받지 않을 것이라는 신뢰와 함께 그리스도가 우리를 위해 책임지고 값을 치를 것이라는 믿음을 갖고, 그의 어깨 위를 향하여 기꺼이 달려가야 합니다. 오늘날 이러한 설교가 선포되고 있지만 그 설교가 얼마나 받아들여지고 있습니까? 이 사실에 얼마나 감사하고 있습니까?

"그 아들의 이름은 기묘자, 모사, 전능하신 하나님, 영존하시는 아버지, 평강의 왕입니다". 선지자는 이 여섯 가지 이름을 부름으로 그 아들이 어떻게 우리를 짊어지는지를 설명합니다. 제가 이후

에 시간이 있고 건강하다면 이것을 더 설교하려고 합니다.[30]

제가 하지 못한다면 누군가가 행할 것입니다. 또한 이 내용은 책(설교집)에 잘 쓰여 있으니 그것을 참조하기 바랍니다.

---

30  사실 루터는 이미 다음 이틀 동안 행한 세 편의 설교(1531년 12월 26일에 두 편, 27일에 한 편)에서 그리스도의 여섯 가지 이름에 관해 설교했다.

## 설교 해설

이 설교는 1531년 12월 25일 성탄절 오후 예배 때 이사야 9장 6절을 본문으로 루터가 한 것이다. 루터는 1531년에 이 본문을 다섯 번이나 설교했다. 루터가 성탄 절기 설교에서 가장 많이 사용한 성경 본문은 누가복음 2장 1절 이하와 10절 이하이다.[31]

설교의 첫 번째 주제는 태어난 아기가 '우리를 위한 그리스도'라는 사실이다. 그의 출생뿐 아니라 이 땅 위에서 행하신 모든 일, 즉 고난받고 십자가를 지고 부활하고 하늘에 승천하신 모든 일이 '우리를 위한 것'이라는 사실이다.

루터의 그리스도는 무엇보다 '우리를 위한 그리스도'(Christus pro nobis)다. 2000년 전에 그리스도께서 행하신 일에 관하여 아는 것(역사적 믿음)이 필요하지만 더욱 본질적이고 중요한 믿음은 그리스도의 사역이 '우리를 위한 것'임을 깨달으며 그리스도의 사역을 믿음으로 '우리의 것'으로 받아들이는 것이다. 우리의 것으로 받아들이는 믿음과 관련하여 루터에게 다음 두 요소가 중요한 역할을 한다.

우선 믿음은 '붙잡는 믿음'(fides apprehensiva)이다. 즉 그리스

---

[31] 루터가 성탄 절기의 설교에서 사용한 성서 본문은 다음과 같다. 마태복음 1장 18절 이하, 누가복음 1장 26절 이하, 누가복음 2장 1절 이하(적어도 25회 이상 설교), 누가복음 2장 8절 이하, 누가복음 2장 9절 이하, 누가복음 2장 10절 이하(적어도 11회 이상 설교), 누가복음 2장 13절 이하, 요한복음 1장 14절 이하 등.

도를 붙잡는 것, 그리고 그리스도께서 주시는 선물을 붙잡는 것이 믿음이라는 뜻이다. 여기에 두 번째 중요한 요소가 나타나 있는데 바로 '선물'이다. 그리스도는 이 땅에서 행하신 모든 것을 우리에게 '선물'로 주셨다. 선물이란 대가로 주어지는 것이 아니라 값없이 주어지는 것이다. 이러한 선물의 내용에는 그리스도께서 사탄, 죄, 죽음, 율법과 싸우고 승리하신 모든 것이 포함된다.

두 번째 주제는 그리스도는 어깨 위에 통치권을 갖고 계신다는 것이다. 그리스도의 지배는 세상 왕들의 지배와 다르다. 그리스도의 통치 영역은 그를 믿는 그리스도인이요, 그리스도의 지배권은 바로 그리스도의 어깨 위에 있다. 이 말은 그리스도는 죄인을 포함하여 모든 자를 어깨 위에 짊어지고 감당하신다는 뜻이다. 여기에는 인간의 공로나 행위가 필요하지 않다. 아니 오히려 방해가 된다. 그리스도께서는 우리 모두를 짊어지신다. 그분의 어깨 위에 있지 않은 자는 그리스도인이 아니다. 그분의 어깨 위에 자신의 죄와 허물, 그리고 약함을 내려놓는 자가 그분의 통치를 받는 자이고 바로 그가 그리스도인이다.

## 루터 설교 3

# 네 죄짐으로 나를 수고롭게 하며

성서 본문:
겟세마네 동산부터 행악자들 사이에서 십자가에 달리기까지
그리스도의 고난 역사

### 그리스도 고난의 묵상을 위한 훈계

십자가에 매달리신 그리스도는 모세가 유월절 양에 대해 묘사했던 것을 자신의 육체를 통해 다 이루셨습니다. 그 역사를 다루기 전에 먼저 한 가지 훈계가 필요합니다. 이것은 그리스도의 고난을 경건한 마음으로 회상하기 위해서입니다.

과거에 가톨릭 신자들 가운데 많은 이들은,[32] 그리스도에게 잘

---

32  원문에는 '교황주의자'로 되어 있다.

못한 유대인들을 꾸짖으며 그리스도와 그의 죽음을 마음속 깊이 뉘우치며 동정했습니다. 그래서 어떤 사람들은 십자가에 매달린 그리스도 모습을 형상화하거나 목걸이, 망치, 못 등을 몸에 지니기도 했습니다.[33] 심지어 이것들을 지닌 자는 다치지 않는다고 믿을 정도로 잘못 해석하고 받아들였습니다. 또한 성찬에 관한 말씀도 마찬가지입니다. 이것을 통해 병을 몰아내기를 원하는 이들도 있었습니다.[34]

우리는 이제 그리스도의 고난을 진심으로 숙고해야 합니다. 그리스도의 고난은 우리가 생각할 수 있는 것보다 훨씬 더 위대한 일입니다. 고난을 받으신 분은 살인자도, 성인 베드로나 바울도, 천

---

[33] 6세기경 동방에서 민중의 사랑을 받던 '화상숭배'는 중세시대 말에 유럽에서도 널리 퍼졌다. 예를 들어 로마의 베드로 성당에는 베로니카 수건 위에 있는 그리스도의 화상이 전시되었다(베로니카는 예수님이 골고다 언덕에 오르실 때 동참했던 여인들 가운데 한 사람이다. 그리스도의 고난을 지켜보다 안타까운 마음에 피땀을 닦으라고 수건을 내밀었는데, 그 수건에 예수님의 얼굴이 그대로 새겨져 나오는 기적이 일어났다고 전해진다). 또한 많은 고난의 도구나 '그리스도의 병기들', 예를 들면 망치, 못 등이 예배나 기도를 위해 만들어졌고 이것들은 후에 면죄부와 연결되었다.

[34] 이 단락은 루터가 1519년 "그리스도의 거룩한 고난을 명상하는 것에 관한 설교"(WA 2,136-142)에서 다룬, 그리스도의 고난을 잘못 명상하는 방법들을 생각나게 한다. 여기에서 루터는 그리스도의 고난에 대한 15가지 잘못된 명상 방식을 언급하며 비판했다. 특히 두 번째 비판에서 그리스도의 화상, 경건책자, 십자가(목걸이) 등을 몸에 지니며 이것이 마치 부적(符籍)처럼 모든 사고와 위험에서 안전하게 지켜줄 것이라고 믿는 것을 비판한다. 또한 기독교인 삶의 한 부분인 고난을 피하려고 그리스도의 고난을 이용하는 것은 기독교인의 삶과 정반대가 된다.

사도 아닙니다. 그분은 아무 잘못도 없는 인간인 동시에 하나님의 아들이십니다. 그런 엄청난 분이 죽으신 것입니다.

여러분은 그리스도를 고귀한 존재로 여기십시오. 그분의 고난은 다른 어떤 이의 고난보다 더 고귀합니다. 이 고귀한 분이 가진 겸손이야말로 다른 보잘것없는 인간이 지닌 겸손보다 훨씬 위대합니다.[35] 그리스도는 다른 어떤 사람보다도 매우 위대하기 때문입니다.

### 그리스도의 고난에서 깨닫는 우리의 죄

다음으로 여러분은 왜 그리스도가 고난을 받으셔야 했는지를 생각하시기 바랍니다. 그리고 이 고난의 유익을 추구하고 고난을 바르게 사용하도록 노력해야 합니다. 여러분이 십자가에 달리신 그분의 그림에서 피 흘리는 모습을 본다면 놀란 심정으로 다음과 같이 말하십시오.

오, 슬프도다! 내 죄와 나에 대한 하나님의 진노가 저토록 크고 엄청나니!

---

35 어떤 성인의 고난이라도 그리스도의 고난과 비교하면 아주 보잘것 없다. 이것은 '어린이 장난에 불과한 것'이기 때문이다.

여러분은 그리스도를 짓누르고 목 조르는 여러분 자신의 죄에 대해 경악해야 합니다. 하나님께서 자비하심으로 우리를 불쌍히 여기지 않으셨다면 유대인들이 그리스도께 했던 일은 일어나지 않았을 것입니다. 성서는 우리에 대한 하나님의 자비하심을 다음과 같이 말씀합니다.

여호와께서는 우리의 모든 죄를 그에게 담당시키셨도다. 그의 징계는 우리의 평화를 위해 이루어진 것이다(사 53:6).

여러분이 이 말씀을 곰곰이 묵상한다면 죄가 무엇인지 바로 알아챌 것입니다. 십계명도 주목해 보십시오, 그러면 죄를 깨닫게 될 것입니다.[36] 그런데 그리스도의 고난은 여러분에게 더욱더 분명하게 죄를 보여 줍니다. 성서는 "그는 우리의 악행 때문에 상처받고 우리의 죄 때문에 두들겨 맞았다"라고 말씀하시기 때문입니다. 우리를 경악하게 하는 죄가 우리 앞에 놓여 있다고 생각해 보십시오. 이 죄에 대해 하나님의 아들이 우리를 위해 죽든지 아니면 우리가 멸망되어야 합니다. 이에 대해 요한복음(3:17-18)은 다음과 같이 말합니다.

하나님이 그 아들을 세상에 보내신 것은 세상을 심판하려 하심이 아니요

---

[36] 율법은 죄를 깨닫게 하는 '경책의 용도'(usus elenchticus) 또는 '신학적 용도'(usus theologicus)를 갖고 있다.

저로 말미암아 세상이 구원을 받게 하려 하심이라. 저를 믿는 자는 심판을 받지 아니하는 것이요 믿지 아니하는 자는 하나님 독생자의 이름을 믿지 아니하므로 벌써 심판을 받았느니라.

**오직 그리스도의 고난으로**

여러분이 이 말씀을 믿는다면 다시 일어나 그리스도께서 우리를 위해 죽으셨다는 말씀으로 위로받으십시오. 그분이 죄를 위해 돌아가신 것은 요한복음 3장 17절이 말하는 것처럼 우리를 심판하기 위해서가 아니라 우리를 복되게 하고 구원하기 위함이었습니다.

우리는 우리 존재와 소유에 대한 미련을 버려야 합니다. 이것들은 진정 우리를 위한 어떤 수단이나 도움이 되지 않음을 깨달아야 합니다. 또한 모든 잘못된 예배를 피해야 합니다. 그렇게 할 때 우리는 분명히 놀라게 되지만 또한 위로를 받게 될 것입니다. 성서는 그리스도의 고난을 그렇게 사용하라고 가르칩니다. 이사야는 다음과 같이 말합니다.

너는 나를 위하여 돈으로 향품을 사지 아니하며 희생의 기름으로 나를 흡

족하게 아니하며(사 43:24).

하나님께서는 드려진 모든 종류의 예배들을 차례로 나열하시지만 "그 예배들이 성전에서 드려졌을지라도 나를 위해서 한 것은 아니었다"고 말씀하십니다. 아마도 그들은 하나님의 마음이 자신들의 행위를 통해 달래졌을 것이라고 생각할 것입니다. 시편 51편 16절에도 비슷한 말씀이 있습니다.

주는 제사를 즐겨 아니하시나니 그렇지 않으면 내가 드렸을 것이라. 주는 번제를 기뻐 아니하시나이다.

이것이 하나님을 찬양하고 그분께 영예를 드리는 제사였다면 얼마나 좋겠습니까! 제사는 화해를 위해서 드려지는 것이 아니라, "나는 이미 화해되었다"는 감사의 표시가 되어야 합니다. 그러나 수도사들은 자신들이 드리는 미사로 하나님의 마음을 달래며 화해하려는 오류를 범합니다. 이사야는 다음과 같이 말합니다.

너희들은 나에게 아무것도 행치 않았다. 하지만 네 죄 짐으로 나를 수고롭게 하며 네 죄악으로 나를 괴롭게 하였느니라(사 43:24).

하나님은 여러분이 짓는 죄로 말미암아 자신이 애를 쓴다고 말씀하십니다. 우리가 구원받는 것에는 우리가 드리는 예배, 호화로움, 수도사 생활, 그리고 교황의 권위 있는 편지[37] 등은 아무 도움이 되지 않습니다. 오히려 주님은 자신이 우리의 종이 되고 일꾼이 되어, 우리를 위해 값없이 일하고 섬기심으로 우리가 구원받게 되었다고 말씀하십니다. 우리가 짓는 죄가 주님을 수고롭게 만들었다고 하십니다.

그러므로 오직 그리스도의 고난만이 하나님의 진노를 멈추어 화해시킬 수 있습니다. 말로는 모두 표현할 수 없는 이런 큰 자비를 오용하지 않도록 주의하십시오. 다른 것들에 대해서는 여러분이 원하는 대로 농담을 하셔도 좋습니다. 그러나 하나님께서 우리 죄를 위해 종이 되셨다는 말씀에 대해서는 절대 농담하지 마시기 바랍니다. 이것으로 이단이나 마술을 만들어 내지 마십시오. 여러분이 모든 칼의 위험으로부터 안전하다는 사실보다 여러분이 영원한 죽음으로부터 구원받는다는 사실이 더 중요합니다. 우리가 하나님을 택하여 섬긴 것이 아니라, 하나님이 우리를 도와주셔야 한다고 주님은 말씀하십니다. 우리의 죄 때문에 땀을 흘리고 일을

---

37  이 말은 본문에는 들어있지 않고 설교 필사본 여백에 '칼의 편지(karls brieff)'라고 쓰여 있다. 이것은 교황 레오(Leo)가 칼 대제(Karl der Große)에게 보낸 편지로 추정되는데, 이 편지를 소유한 자는 신변의 안전과 승리가 보장된다는 내용이다. 참조. WA 1,401.

하셔야 한다고 하십니다. 우리의 제사가 하나님의 마음을 움직인 것이 아닙니다. 우리가 드리는 제물은 찬양을 위한 것이어야 합니다. 왜냐하면 우리는 이미 구속함을 받았기 때문입니다. 우리가 당연히 섬겨야 할 존엄하신 하나님께서 천한 우리를 섬겨야 한다는 이 사실을 올바르게 알고 믿을 자가 있겠습니까? 그러므로 우리는 모든 사람이 깊이 숙고하도록 항상 이 말씀을 선포하고 사람들을 인도해야 합니다.

## 그리스도의 어깨 위에 있는 우리의 죄

그리스도가 짊어지신 죄는 바로 나의 죄입니다. 우리는 날마다 짓는 사소한 죄조차 제거할 능력이 없습니다. 바로 그리스도의 고난만이 이 일을 해결할 수 있고 우리를 도울 수 있습니다. 이는 마치 그리스도께서 다음과 같이 말씀하신 것과 같습니다.

나는 네 죄를 위해 십자가에서 울어야 하고 눈물과 피를 쏟아야 한다. 그 죄들은 하나님의 아들인 나 때문에 용서된다. 결코 너 때문이 아니다. 시편 51편 16절의 말씀처럼 나는 네 제사를 원치 않기에 죄용서는 나로 말미암아 이루어져야 하는 것이다. 내게 죄사함과 생명이 있으니, 너 역시 그것을 갖기 원하면 나로부터 받아야 한다.

이 말씀을 통해 우리는 바른 믿음을 배우게 되고 거짓 선지자들로부터 보호받습니다. 이런 기초가 쌓여 어떤 것에도 흔들리지 않고 견고하게 머물러야 합니다. 그럴 때 죄 가운데 하나님을 섬김으로 자신의 죄를 용서받을 수 있는 사람은 아무도 없다는 결론을 내릴 수 있습니다. 우리는 모두 잘못 행하였습니다(사 53:6). 심지어 겉으로는 최상의 길을 가는 것처럼 보여도 결국에는 잘못된 길이라는 것을 깨닫게 됩니다. 주님은 우리의 모든 죄를 자신의 어깨 위에 던지셨습니다. 이곳에는 모든 선지자와 사도의 죄까지 놓여 있습니다. 그러므로 거룩하게 되는 자는 그리스도를 통해서 됩니다. 그리스도를 통해 죄들이 사해집니다. 우리는 이 위대한 인물을 바라보고 고난을 주목해야 합니다. 무엇보다 중요한 것은 이것이 여러분의 죄 때문이라는 사실입니다. 여러분이 이 사실에 머물지 않으면 이전보다 더 심하게 저주받은 자가 될 것입니다.

**오직 믿음으로**

그리스도는 그 자신을 위해 우는 여인들에게 말합니다.

나를 위해 울지 말고 너와 네 아이들을 위해 울라!

당시 슬퍼하고 우는 것은 자비를 나타내는 선한 행위였습니다. 그러나 이 눈물이 그녀들을 복된 자로 만드는 믿음의 행위가 되지 않았습니다. "보라! 날이 이르면 사람이 말하기를 수태하지 못하는 이와 해산하지 못한 배와 먹이지 못한 젖이 복이 있다"고 그리스도는 말씀하십니다. 이렇게 말씀하신 것은 그리스도의 고난을 마치 누군가 동정심을 갖고 행한 것처럼 간주하는 것이 아니라 그가 우리를 위해 고난받으셨다는 사실을 믿도록 하기 위한 것입니다. 그러므로 우리는 이단의 꾀임에 빠져 이러한 믿음에서 벗어나서는 안 됩니다.

그 이후에 그리스도의 고난과 십자가는 또한 모범의 역할을 합니다. 다시 말해 그리스도의 십자가를 믿음으로 구원받은 우리는, 이제 그리스도를 동성하며 그리스도의 고난과 십자가를 본받아 뒤따르는 삶, 그리스도처럼 고난받는 삶을 살아야 합니다. 그러나 그분의 고난은 우리 그리스도인의 고난보다 훨씬 고귀하다는 사실을 잊지 마십시오.[38]

그분은 죄가 없고 우리의 죄를 위해 고난받으셨습니다. 그렇다고 우리가 고난받을 필요가 없을까요? 다음 사실에 주목하십시

---

38  루터는 그리스도인이 그리스도를 동정하고 그를 뒤따르는 고난의 삶을 살 것을 강조한다. 그러면서도 잊지 않고 설교한 것은 그리스도의 고난과 그리스도인의 고난은 질적으로 차이가 있다는 사실이다. 이 두 가지는 구별되어야 하는데, 이는 단지 "그리스도를 뒤따름으로 그리스도인이 될 수는 없기 때문이다". 참조. Jin Ho Kwon, Christus pro nobis, 260 이하.

오! 당신이 죽음과 죄로부터 구원받고 영원한 생명을 선물 받기 위해 그리스도의 고난을 숙고할 때 믿음으로 하십시오! 고난을 어리석음과 외관상의 목적으로 오용하는 자들을 조심하십시오! 우리가 그분을 높이 우러러보고 숙고하도록 많은 권면이 주어졌습니다. 그것은 우리의 죄와 관련된 문제입니다. 우리는 그분의 고난으로 구원받게 되었습니다. 죄가 없으신 그리스도는 구속이 필요 없습니다. 하지만 그는 세상의 구원을 위해 고난받으셨습니다. 구원을 받고자 하는 자는 그리스도를 믿으십시오! 그렇게 하지 않는 자는 저주받은 자가 되어 지옥으로 가게 될 것입니다.

그리스도는 세상 모든 죄를 위해 넉넉하게 행하시고 모든 값을 지불하셨습니다. 모든 것이 충분하게 용서되었습니다. 이 사실을 받아들이지 않는 자에게는 화(禍)가 닥칠 것입니다. 그리스도의 피와 죽음은 우리가 죄를 용서받기에 충분합니다. 이것을 받아들이지 않는다면 그것은 그리스도의 잘못이 아니라 받아들이지 않는 자들의 잘못입니다. 여러분은 이것을 기쁨으로 받아들이십시오.[39]

---

39 이후 겟세마네 동산에서부터 십자가에 달리기까지 그리스도의 고난에 관한 역사에 관하여 설교가 이루어진다.

## 설교 해설

이 설교는 1538년 4월 19일 고난주간 성금요일 오전예배에서 행해진 것이다. 루터는 이 주간에 여느 해처럼 여러 번 설교하였다 (종려주일과 수요일에 한 번, 목요일, 금요일, 토요일에 각각 두 번씩 하였다). 루터의 생애 가운데 가장 집중적으로 설교를 한 절기는 고난주간과 부활주간이다.[40]

설교의 성경 본문으로는 특정한 성경 구절이 아니라 루터의 동역자이자 비텐베르크 시립교회 담임목사인 부겐하겐의 『예수 그리스도의 고난과 부활 역사의 하모니』를 사용한 것으로 추정된다.[41] 루터가 이 작품의 한 부분을 본문으로 택했다는 것은 설교 후반부를 통해 알 수 있다.

---

40  1530년까지 행한 고난주간과 부활주간 설교 가운데 84편이 전승되었고, 여러 가지 증거에 의해 루터가 설교한 것이 분명하지만 전승되지 않은 31편이 더 있다. 루터는 약 15년간 115편의 고난주간과 부활주간 설교를 하였다.

41  이 작품은 부겐하겐이 그리스도의 고난과 부활에 대한 성경 구절들을 사건의 전개에 따라 편집한 것이다. 1524년에 처음으로 그리스도의 고난에 관한 성경 구절들이 편집되어 나왔고, 1526년에는 그리스도의 부활 이야기도 함께 편집되어 『예수 그리스도의 고난과 부활 역사의 하모니』(die Historia des leydens und der Aufferstehung unsers Herrn Jhesu Christi aus den vier Evangelisten durch Johannem Bugenhagen Pomer vleißig zusammengebracht Wittemberg 1526)가 비텐베르크에서 출판되었다. 루터는 1528년 이후 자주 이것을 고난주간과 부활주간 설교의 본문으로 삼았다.

이 설교의 주제는 그리스도의 고난을 바르게 이해하는 것이다. 우선 그리스도의 고난과 십자가가 주는 유익을 바르게 이해해야 한다는 것이다. 그리스도의 고난에서 우리 자신의 모습, 즉 죄를 깨달아야 한다. 우리의 죄가 얼마나 심하면 죄 없으신 하나님의 아들이 저렇게 처참하게 죽으셔야 했을까를 깨달으며 우리 죄에 대해서 경악해야 한다. 루터는 예수님께 잘못한 유대인이나 유다를 비난하기보다 우리 자신의 죄를 깨닫는 것이 더 중요하다고 강조한다.

둘째, 죄인의 구원은 인간의 그 어떠한 것으로도 불가능하다는 사실이 설교된다. 우리의 어떤 선행이나 공로, 금욕생활, 심지어 예배조차 우리 구원에는 전혀 도움이 되지 않는다는 것이다. 죄인이 드리는 예배가 어떻게 하나님의 마음을 달랠 수 있겠는가! 먼저 죄가 사해져야 한다. 루터는 제사란 구원을 받기 위해서나 하나님의 마음을 달래기 위해서가 아닌, 이미 하나님과 화해되었음을 감사하고 찬양하기 위한 것이라고 말한다.

셋째, 유일한 구원의 길은 오직 그리스도에게 있다. 루터는 오직 그리스도의 십자가만이 하나님의 진노를 잠재우고 우리 죄를 용서한다고 보았다. 그리스도의 도움으로만 우리 죄가 해결될 수 있다는 것이다. 루터는 우리의 죄 때문에 일하시는 그리스도의 모습을 은유적으로 표현하여 그리스도가 우리의 종과 일꾼이 되어 우리를 위해 일하시고 우리의 죄 때문에 땀 흘리면서 수고하신다고 하였다.

## 루터 설교 4

# 그리스도의 떠나가심과 유익

성서 본문: 요한복음 14장 28-31절

### 성령의 직무

오늘 설교로 요한복음 말씀 강해를 끝맺으려 합니다. 여러분은 오늘 오전에 성령님의 직무에 대해 들었습니다. 주님은 "성령 그가 너희에게 모든 것을 가르치고 내가 너희에게 말한 모든 것을 생각나게 하리라"(요 14:26)고 말씀하십니다. 이것은 위대한 설교이기에 2-3년은 더 설교해야 할 것입니다.

성령님은 그리스도의 교회를 세우시고 죄를 용서하시며 육체를 부활하게 하십니다. 우리는 성령님의 임무가 무엇인지를 간단하게 알려주어 사람들이 이것을 알고 배우도록 해야 합니다. 성령님은 어리석은 것들, 가령 수도사의 의복이나 교황의 의식들에 관한 규정들을 다루는 것이 아니라, 죄와 죽음 그리고 사탄을 다루신다는 사실을 알아야 합니다.

주님께서는 '내 아버지께서 보내시되'와 '내 이름으로 보내실 성령'을 첨가하십니다. 이것은 우리가 마치 열광주의자들처럼, 성령은 인간의 계획으로 오셨다고 생각하게 되지 않도록 하기 위해서입니다. 열광주의자들은 자신들이 많은 것을 행함으로 성령이 그들 자신의 이름으로 주어진 것이라고 생각합니다. 하지만 믿음에 속하는 선한 그 어떤 것도 여러분 자신의 이름으로 주어질 수 없습니다. 그리스도의 이름이 없는 곳에는 성령의 사역, 즉 기독교 교회는 존재하지 않습니다. 이 말씀에 관하여 여러분은 일 년 내내 듣고 있습니다.

### 희망의 근거가 되는 그리스도의 떠나가심

다음 말씀이 계속 이어집니다.

내가 갔다가 너희에게로 온다 하는 말을 너희가 들었나니, 나를 사랑하였더라면 내가 아버지께로 감을 기뻐하였으리라. 아버지는 나보다 크심이라(요 14:28).

요한은 가장 위대한 복음서 저자입니다. 요한복음 강해는 요한 자신에게 하도록 하는 것이 최선일 것입니다. 그리스도는 "내가 아버지께 가노라고 너희에게 말했고 이것은 너희들을 당연히 기쁘게 할 것이라"고 말씀하십니다. 왜 그렇습니까? "아버지가 나보다 크시기 때문"입니다. 이것은 이성에게는 감추어져 있으나 매우 단순하고 명료한 말씀입니다. 이것을 통해 요한은 신앙인들을 풍성하게 위로하고 확고한 믿음 위에 세우려고 합니다. 왜냐하면 그리스도를 사랑하고 그의 말씀을 지키기 원하는 사람들은 어떤 평안이나 안락한 삶을 추구하지 않아야 하기 때문입니다. 당시 그리스도가 떠나가고 제자들만 남았다는 사실은 참으로 가혹한 일이었습니다. 그들은 그리스도가 떠난다는 것을 감지했습니다. 하지만 "내가 다시 온다"라는 사실은 눈치채지 못했습니다.

"너희를 떠난다"라는 말씀은 그들에게 위로의 설교가 아니었습니다. 그들은 예수님의 십자가 사건 이후 뿔뿔이 흩어졌고, 또한 십자가 사건을 못마땅하게 생각했습니다(참조. 마 26:31). 그러나 그리스도는 "'내가 아버지에게로 간다'고 말하는 것은 너희를 기쁘게 할 것이다"라고 거듭 말씀하십니다. 이것이 어찌 된 일입니까? 정답은 그들이 그리스도를 사랑한다면 그렇게 된다는 것입니다. 앞에서(요 14:23) 그리스도는 "너희가 나를 사랑하면 내 말을 지키리라"고 말씀했습니다. 여기서는 "너희가 나를 사랑하였더라면"이라고 말합니다. 이 말은 그들이 그리스도를 온전히 사랑하지 않았고, 사랑하되 부분적으로만 사랑했다는 의미가 됩니다. 그리스도가 제자들에게 말씀하셨던 것처럼 모든 그리스도인에게도 말씀하십니다.

나는 갔다가 다시 돌아올 것이다

떠나가심은 슬픈 일입니다만 다시 오심은 기쁜 일입니다. 그러나 그의 떠나가심은 여러분에게 낭연히 위로가 되어야 합니다. 왜냐하면 이러한 떠나감은 여러분에게 가장 좋은 것을 가져다주기 때문입니다. 모든 희망은 오직 그리스도에게 놓여 있으며 이 사실을 믿는 자에게 주어집니다. 주님의 떠나가심으로 제자들은 비참함과 죄와 죽음 안에 있게 되었습니다. 이것은 인간들의 일반적인 떠나감이 아닙니다. 사도들은 모든 것에서 버림받았다고 느낄 정도였습니다. 그러나 그리스도는 다음과 같이 말씀합니다.

나는 너희들이 이제 끝났다고 생각한다는 사실을 알기 때문에, 내가 다시 오는 것 외에 다른 위로의 방법은 없다.

만일 그리스도께서 단지 가시기만 하고 돌아오지 않는다면 누구도 그를 믿어서는 안 됩니다. 당시 그리스도가 자신의 제자들을 떠난 것 같이 그리스도는 또한 우리를 항상 떠나가십니다. 이러한 떠나가심은 사도들에게 가슴 아픈 일인 것과 똑같이 우리에게도 그렇습니다. 그리스도가 우리를 떠난 이후 그리스도를 보지 못하고, 그리스도는 우리를 큰 위험에 처하게 버려두거나 두려움에 양심을 떨게 합니다. 그리고 우리가 그리스도가 주의하라고 설교한 것들과 부딪치도록 하십니다. 여기에는 제자들과 모든 순교자가 느낀 비참함과 곤궁함만 남게 됩니다. 이것은 경건한 모든 사람들도 아는 사실입니다. 그들은 뿔뿔이 흩어져 지상에서 이보다 더 불쌍한 백성은 없다는 것을 발견하게 됩니다.

"나는 간다"라고 그리스도가 말씀하셨을 때, 그들이 "나는 돌아온다"는 것을 느끼지 못한 것이 사실입니다. 만일 여러분이 이것을 자세히 주목한다면 당연히 기뻐해야 하며 또한 이것을 기쁨의 계기로 삼아야 합니다. "너희가 나를 사랑했다면 너희는 '내가 아버지에게 간다'는 내 말에 기뻐했을 것이라"는 주님의 말씀은 그들이 그리스도를 사랑한 것이 부족했음을 증명합니다. 바울은 다음과 같이 말합니다. "내가 우리의 모든 환난 가운데서도 위로가 가득하고 기쁨이 넘치는도다"(고후 7:4). "소망 중에 즐거워하며 환난 중에 참으며"(롬 12:12). 여기에는 어떤 인간적인 지혜나 용기도 전혀 도움이 되지 않습니다. "이것은 너희들이 항상 머물러야만 하는 그런 슬픔이 아니다. 나는 아버지에게 가고 다시 돌아올 것이다"라는 주님의 말씀이 중요합니다.

### 그리스도는 떠나가심으로 통치자가 되신다

"나는 아버지에게 간다". 이 말씀에 담긴 의미는 무엇입니까?

그로 인해 너희들이 처해있는 슬픔은 위대한 일이 일이니도록 한다. 왜냐하면 내가 아버지에게로 가기 때문이다.

성서의 말씀이 성취되도록(참조. 눅 24:27) 그리스도는 떠나가 왕국을 차지합니다. 그리스도는 죽은 자들 가운데서 부활하시고 만물의 주인이 되셔야만 했습니다. 이것은 그를 믿는 자를 복되게 하시며 그 자신이 하늘과 땅에서 능력을 지니시기 위해서입니다. 이것은 시편 110편 1절에서 말씀하는 것과 같습니다.

내가 네 원수들로 네 발판이 되게 하기까지 너는 내 오른쪽에 앉아 있으라.

그리스도가 아버지처럼 통치하기 위해 권능으로 왕국을 차지하신다는 사실에 여러분은 기뻐해야 합니다. 다른말로 말하면 여러분은 주님의 떠나가심이 이런 목적으로 정해진 것이기 때문에 그것을 즐거워해야 합니다. 우리는 곤경과 비참함을 견디어야 하지만 그렇다고 슬퍼해서는 안 됩니다. 그러면 이런 기술은 어디에서 배울 수 있습니까? 바로 그리스도의 떠나가심에서 입니다. 왜냐하면 그리스도는 다음과 같이 말씀하시기 때문입니다.

내가 떠나는 것이 너에게 유익이다. 내가 아버지에게 가는 것은 누구도 너를 해치지 않게 하고 손가락 하나도 건드리지 못하도록 하기 위한 것이다

"왜냐하면 아버지가 나보다 크심이라", 다시 말해 이것은 다음과 같은 의미가 있습니다.

만일 내가 너희와 함께 머문다면 나는 종의 형체로 머물 것이다. 그러면 내게 능력은 아직 주어지지 않고 나는 내 왕국을 아직 넘겨받지 못하게 된다. 하지만 저 위에 있는 왕국은 지금의 나보다 훨씬 크다. 따라서 나 역시 더 큰 존재가 되어야 하는데, 내 자신의 인격을 위해서가 아니라 내가 넘겨받

아야 할 통치권을 위해서다.

이 말씀에서 몇몇 사람들은 그리스도께서 하나님이 아니라는 결론을 도출합니다.[42] 그리스도도 스스로 아버지가 자신보다 더욱 크다고 증언하시기 때문입니다.[43] 힐라리우스는 이 구절을 그리스도의 권력 행사와 관련시킵니다.[44] 실제로 그리스도는 자신이 이 땅 위에서 가진 통치, 그리고 하늘에서 가질 통치에 관해 말하고 있습니다.[45]

왜냐하면 그리스도는 "내가 아버지에게 간다"라고 말하기 때문입니다. 이러한 그리스도의 떠나심은 그리스도가 누구인지를 분명하게 드러냅니다. 그는 미래에 이런 존재가 되는 것이 아니라 이미 그런 존재였습니다. 그러나 이것은 아직 드러나지 않았습니다.

---

42  무엇보다 알렉산드리아의 아리우스(Arius, 336년 사망)는 아들은 영원하거나 시작이 없는 존재가 아니라, 존재하지 않았던 때가 있었고(즉 시작이 있었고) 아버지보다 조금 못한 본질(유사본질)이라는 주장을 했다. 그리스도의 신성을 부인한 것이다. 그의 가르침은 325년 니케아 공의회에서 정죄당했다.

43  이 구절은 교부(敎父)들에게 많은 것을 제공해 주었습니다. 어거스틴(St. Augustine, 354~430)은 이 구절을 그리스도의 비천함으로 이해하며 그리스도의 신-인의 본질에서 인성과 관련시켰다.

44  힐라리우스(Hilarius, 367년 사망)는 어거스틴 이전의 위대한 서방 신학자이자 교부이며 푸와티에(Poitiers) 감독이었다. 그는 이 구절을 이 세상의 존재 형태로 나타난 영원한 아들의 신적인 통치 권력의 제한과 관련시켰다.

45  루터는 이 구절을 어거스틴이나 아리우스처럼 그리스도의 본질의 한 측면과 관련시키는 것이 아니라, 예수 그리스도의 전체 측면과 관련시킨다. 즉 지금은 아직 감추어져 있지만 그 후에 드러날 영광스러운 예수 그리스도의 모습이다.

주님은 처녀의 아들이었습니다. 하나님인 동시에 사람이었습니다. 그러나 아무도 이 사실을 알지 못했습니다. 그러므로 이것을 세상 전체가 알도록 드러내야 했습니다. "아버지는 나보다 크시다"라는 말씀은 그의 통치가 더 크다는 뜻입니다. 여기서 그리스도는 자신이 하나님의 모습이었던 첫 번째 상태에 관해 말하는 것이 아니라, 자신이 스스로 인간이 되셨던 두 번째 상태에 관해 말하고 있는 것입니다. 아버지는 자신의 왕국과 본질(지배하시는 행동)에 있어서 그리스도가 당시 이 땅 위에 계실 때보다 더 크다는 것입니다. 땅 위의 그리스도는 종의 형체였기 때문입니다(빌 2:7). 그는 자신의 고난을 통해 세상 전체에 도움이 되었고 육체로 함께 하여 제자들에게 도움이 되었습니다. 이것은 이제 중단되어야 합니다. 그래서 그는 섬기는 것이 아니라 이제 섬김을 받으셔야 합니다.

### 시련 속에서도 위로가 되는 그리스도의 떠나가심

그리스도는 다음과 같이 말씀합니다.

너희는 내가 섬기는 자의 신분에서 신성의 신분에 이르기를 원해야 한다. 너희가 내게 선한 것과 경의를 허락한다면 내가 떠나간다는 사실을 즐거이 들을 것이다. 내가 단지 섬기는 봉사자의 신분에 머문다면 나는 왕의 신분을 가질 수 없다. 그러나 내가 아버지께 가면 나는 지금보다 더 많은 일을 할 수 있다. 나는 너희에게 행하게 될 자를 보여주고 싶다. 내가 너희와 함께 하는 한 나와 너희는 고난을 받아야 한다. 모든 사람이 우리에게 발을 닦게 시킨다. 그들은 내 명예와 재산을 좌지우지한다. 이것이 종의 형체다. 그러나 그런 후에 나는 그들 위에 서게 된다. 이것은 내가 아버지께 가는 것을 뜻한다. 너희가 나를 사랑하고 내게 경의를 표한다면 너희는 기뻐하게 될 것이다. 그것은 명예와 유익을 내게만 가져다주는 것이 아니라 너희들에게도 가져다주기 때문이다. 아버지는 나보다 더 크시다. 그의 지배는 내가 종의 형체로 있는 한 내 지배보다 더 크다.

이것은 이 구절에 대한 간단한 견해입니다. 그리스도는 여기서 자신의 본질보다 그 행적과 임무에 관해 말하고 있습니다. 저는 그의 인격이 아니라 그의 임무에 관해 말해야 합니다. 그의 직무는 하인입니다. 저는 그리스도가 처녀로부터 태어났는지를 묻는 것이 아니라 처녀의 아들인 그가 무엇을 행하였는지, 어떻게 인간을 섬기고 설교했는지를 말합니다. 그리스도가 아버지께 가는 것은 자신의 인격을 위한 것이 아니라,[46] 그의 임무와 우리를 위해 필요한 것입니다. 이것으로 아리우스주의자들은 아버지가 그보다 크시다는 구절에 대해 더 이상 할 말이 없게 될 것입니다. 그리스도는 여

---

46 그는 항상 아버지와 함께 하시기 때문이다. 참조. 요한복음 1장 18절.

기서 아버지의 임무에 관해 말하십니다. 그리스도의 떠나가심은 그리스도의 다른 행적과 임무의 변화와 관련된 것이지, 인격이나 본질의 차이와 관련된 것이 아닙니다.

그 일은 사도들에게 일어났던 것처럼 우리에게도 일어납니다. 만일 그리스도가 우리와 헤어지고 우리를 사탄과 육체, 그리고 세상의 손에 넘기시면 그는 우리를 떠나가신 것입니다. 여기서는 누구도 기뻐할 수 없고 양심은 이것을 견딜 수 없습니다. 그는 이제 "우리는 그것을 즐거워해야 한다"고 말합니다. 누가 그것을 할 수 있습니까? 바울은 이것을 할 수 있다고 자랑합니다. "나는 많은 고난을 당하고 약한 것을 자랑한다"(롬 5:3; 고후 11:23, 30; 12:9). 하지만 그런 그도 "나는 육체의 가시가 내게서 떠나가게 하도록 세 번 주께 간구하였나이다"라고 고백합니다(고후 12:8). 자신이 고난 가운데서도 기뻐해야 할지라도 자신의 육체는 불평한다고 고백하는 것입니다. 우리도 그렇습니다. 우리 역시 시련 가운데 기뻐하며 "이제 그것은 좋은 일이 될 것이다"라고 말할 수 있어야 합니다. 그러나 여전히 죄가 나를 짓누르고 열광주의자들이 만연한 것을 보게 됩니다. 저는 이럴 때 주어질 사실, 즉 그리스도께서 떠나는 것을 느끼지 않기를 원합니다. 복음을 한 번만 읽어도 이해할 수 있다고 생각하는 자들은 이 교훈을 배워야 합니다. 이것은 바울과 겟세마네 동산에서의 주님이신 그리스도에게조차 없었던 모습입니다. 그리스도는 이것을 기쁨과 웃음으로 행할 수 있었을 것입니다. 그러나 주님은 우리의 모델이기에 우리를 위로하기 위해 떨고 두려워해야 했습니다.

믿음의 세계에서는 기쁨이 곤경 한가운데 놓여 있습니다. 그리스도는 떠나가셨습니다. 우리가 위험과 비참함을 느끼는 것은 이미 설교힌 내용입니다. 그렇다고 내가 절망해야 합니까? 아닙니다. 그 일은 내게 유익하여 내가 아버지의 나라에 가도록 도움을 줄 것입니다. 그리스도는 자신이 두려움과 곤궁 속에 있을 때 자신을 위해 어떤 위로도 받을 수 없었습니다. 그러나 그리스도가 우리에게 유익하도록 아버지께 가셨습니다. 그 후 믿는 자들은 기뻐합니다. 물속에 삼신 마차는 결국 다시 나오게 될 것이기 때문입니다.

**그리스도의 떠나가심은 세상 임금들에게는 패배다**

"나는 이후로 너희와 더 이상 말을 많이 하지 않으리라"(16:30). 이것은 마지막 이별에 대한 말씀입니다. 그리스도는 다음과 같이 말하려고 합니다.

나는 너희와 말을 많이 하고 싶었으나 더 이상 그렇게 할 수 없다.

왜냐하면 "세상의 임금이 올 것이기 때문이다". 다시 말하면 다음과 같은 일이 생길 것이라는 뜻입니다.

내가 너희를 떠나가면 세상의 임금이 오고 너희를 다스릴 것이다. 그는 나에게도 들이닥칠 것이다.

주님이 말씀하는 것과 주님이 사탄의 것으로 간주하는 것을 보십시오. 그리스도는 사탄을 세상의 임금이라고 부릅니다. 이 사탄은 우리에게 너무나 많은 영향을 끼칩니다. 그러므로 우리는 주님을 신뢰하고 그의 날개 아래 피하는 법을 배워야 합니다. 한 도시나 지역이 임금의 지배 아래 있듯이 세상은 사탄 아래 있다고 말씀하십니다. 그리스도인이 아닌 자는 사탄의 지배 아래 있는 것입니다. 황제, 교황, 터키인들을 사탄과 비교해 볼 때 어떻습니까? 이들은 집 안에서 주인과 비교가 불가한 하인과 같습니다. 하나님께서 왜 사탄에게 그렇게 많은 권력을 허락하셨는지에 대해 지금은 말하지 않겠습니다. 사탄은 자신의 권력을 명백하게 하나님의 허락하심으로 사용할 수 있습니다. 그는 우리를 파멸시키기 위해 모든 위험을 이용할 수 있습니다. 그런데도 우리는 마치 아무것도 모르는 것처럼 머무르며 노래합니다.

세상의 임금이 온다. (...) 그가 나를 죽여 너희와 이별하게 한다.

그러나 그리스도는 사탄을 곁눈질하며 그를 넌지시 비꼬십니다. "그는 내게 관계할 것이 없으니", 즉 이것은 다음 같은 의미를 지닙니다.

나는 그에게 저항한다. 그는 문 앞에 와 있다. 그러나 그가 마지막을 안다면 나를 가만히 내버려 둘 것이다.

사탄은 모든 노력을 기울여 그리스도를 노렸습니다. 그리스도는 이 세상 삶 가운데 머물러 사탄을 성가시게 했습니다. 그리스도가 십자가에 매달릴 때까지 사탄은 오랫동안 뒤쫓았습니다. 하지만 사탄은 자신이 그리스도에 대한 권리가 없음을 알게 됩니다. 여기서 그리스도는 사탄의 불의와 사탄에게 선고될 큰 심판을 다음과 같이 예고하십니다.

지금까지 사탄은 죽음을 통하여 모든 자에 대한 권리를 가졌다. 모든 이들은 죄인이어서 죽어 마땅했다. 그러므로 그는 벌이 거미줄을 통과할 때처럼 모든 것을 찢었다. 그러나 그는 내게 아무 힘도 없다. 나는 죄가 없는 유일한 사람이지만 사탄은 나를 죽이려 한다. 그러나 그는 아무것도 이루지

못할 것이다. 이것 때문에 그의 지위는 빼앗길 것이며 그가 내게 대항하여
도 그는 어떤 것도 이루지 못할 것이다. 마치 아벨의 피가 가인을 심판에 넘
긴 것처럼(창 4:10) 그는 재판에 넘겨질 것이다. 이것은 단지 전주곡에 불과
하다. 나는 그로부터 세상을 취하고 그로부터 임금의 지위를 빼앗을 것이
다. 그리고 나는 임금이 되고 그는 내 발밑에 꿇어 엎드리게 될 것이다.

이렇게 그리스도는 자신의 고난 속에서 사탄을 대적하여 꾸짖
으십니다.

그는 내게 불의를 행했기 때문에 그의 머리를 잃을 것이며 그의 나라는 파
멸되고 내 나라가 선포될 것이다. 나를 의지하는 자는 사탄을 지배하는 주
인이 된다. 그리고 누군가 사탄 아래에 있다면 이것은 그 자신의 잘못이지
내 잘못이 아니다.

이제 우리는 그리스도께 매달릴 수 있게 되었음으로 사탄을 발
밑에 놓아야 합니다. 이것이 "그는 내게 아무 상관이 없다"라는 말
씀의 의미입니다. 그리스도를 믿는 자에게 사탄은 아무 힘도 행사
할 수 없습니다.

## 그리스도의 떠나가심은 세상이 아들을 깨닫도록 돕는다

왜 그리스도는 자신을 사탄의 손에 넘기셨을까요? 그리스도는 다음과 같이 말할 수 있습니다.

사탄은 내게 아무 힘도 행사할 수 없다. 그리고 나는 사탄에게서 벗어났기 때문에 그는 내 머리카락 하나라도 건드릴 수 없다.

그런데도 그리스도께서 자신을 사탄의 손에 넘기신 것은 우리가 아버지에 대한 그의 사랑을 깨닫게 하기 위해서입니다. 이 얼마나 단순하면서 놀라운 사실입니까! 그리스도는 다음과 같이 말하려 하십니다.

나는 고난 받는 것이 필요하지 않았다. 나는 본질상 사탄에 대항할 만큼 그 모든 것을 갖추고 있다. 그런데도 그렇게 행한 것은, 세상이 내가 아버지를 사랑하고 아버지가 내게 명한 것을 지키고 있음을 깨닫도록 하기 위함이다.

만일 아버지로부터 한두 마디 말씀이 주어진다면 그리스도는 격정적인 마음으로 "당연히 그래야 한다"고 말할 것입니다.

주님은 모든 일을 행하고자 하시되, 세상이 아버지를 두려워하지 않도록 하셨습니다. 복음서 저자 요한의 관심사는 그리스도를 아버지와, 아버지를 그리스도와 묶는 것이었습니다. 주님은 다음과 같이 말씀하십니다.

내가 우선적으로 이것을 행한 것은 세상이 그 일이 내게 명령된 아버지의 뜻임을 알도록 하기 위함이다. 세상은 내 행위가 아버지의 뜻에 따라 정해진 것임을 배우고 믿어야 하기 때문이다.

그래서 바울은 그리스도를 하나님과 우리 사이에 신뢰할 만한 중재자라고 부릅니다(딤전 2:5). 계속하여 그리스도는 다음과 같이 말하려 하십니다.

세상이 만일 내가 행하는 이 일이 내 자신의 필요나 명성 때문이 아니라 하나님 마음에 들기 위해서임을 깨닫는다면, 사람들은 다음과 같은 결론에 곧 도달할 것이다. 즉 그가 이것을 아들에게 명령하고 아들이 이것을 행한다면 그것은 순전히 아버지의 자비임이 틀림없다.

이 말로 하나님의 진노는 완전히 끊어집니다. 세상을 향한 아버지의 자비가 아들에게 명하여 그를 사탄 밑에 두셨기 때문입니다.

세상이 이 사실을 알게 된다면 하나님의 진노가 세상에 있을 수 있겠습니까? 그리스도는 다음과 같이 말씀하십니다.

> 내가 이것을 행하는 것은 아버지가 그것을 원하고 나는 그에게 순종하기 때문이다.

만일 세상이 이것을 믿는다면 세상은 구원받고 세상의 임금은 심판받아(참조. 요 16:22) 세상을 더 이상 지배할 수 없을 것입니다. 왜냐하면 아버지에게 순종하는 분이 여기 계시기 때문입니다.

이렇게 요한은 항상 복음을 설교합니다. 그는 바울이나 다른 복음서 저자와는 다르게 자신만의 특별한 방식을 갖고 있습니다. 우선 그는 우리에게 인간이신 그리스도와 그의 구술로 된 말씀으로 인도합니다. 그런 후에 그리스도로부터 성령과 아버지에게로 인도합니다. 이 복음 말씀에 관하여 많은 것이 더 말해져야 할 것입니다.

## 설교 해설

루터는 1529년 성령강림 주일(5월 16일) 오후 예배, 그리고 5월 17일 오전 및 오후 예배에서 요한복음 14장 23-31절을 본문으로 연속하여 세 편의 설교를 하였다.[47]

첫 번째 설교는 "사람이 나를 사랑하면 내 말을 지키리니"(요 14:23)라는 말씀을 근거로 성령을 통해 제자가 되는 것은, 그리스도를 사랑하고 그리스도의 말씀을 지킴으로 유지된다고 선포한다.

두 번째 설교는 "아버지와 나는 너희에게서 거처를 삼을 것이라"(요 14:24-27)는 말씀을 다루며,[48] 성령을 통해 인간에게 교회 공동체와 죄 사함, 그리고 영생이 주어지는 놀라운 기적을 선언한다. 세 번째 설교는 "나는 아버지에게 가고 다시 너희에게 돌아오리라"(요 14:28-31)는 말씀을 주제로 한다. 그리스도의 이별 말씀은 제자들에게 단지 아픔만 의미하는 것이 아니라 큰 위로를 뜻하기도 한다. 왜냐하면 주님은 통치권을 넘겨받게 되기 때문이다. 우리가 다루는 설교는 이 가운데 세 번째 설교(5월 17일 월요일 오후)다.

---

47  루터가 성령강림절 설교 본문으로 삼은 것은 사도행전 2장 1절 이하(성령강림절 서신서), 요한복음 14장 23절 이하(성령강림절 복음서), 요한복음 3장 16절 이하(성령강림절 후 월요일 복음서), 그리고 요한복음 10장 1절 이하(성령강림절 후 화요일 복음서) 등이다.

48  이에 대해서는 설교 "하나님의 거처인 그리스도인" 참조.

루터는 그리스도가 제자들을 떠나가시는 것은 제자들을 홀로 남게 하는 것이기에 가혹하고 슬픈 일처럼 보이지만 사실은 기쁘고 위로가 되는 소식임을 자세히 설교한다.

# II
# 그리스도인의 삶

1534년 루터의 첫 신구약전서 표지그림

## 루터 설교 5

# 재물, 소유할 것인가 섬길 것인가

**성서 본문: 마태복음 6장 24-34절**

오늘 본문의 복음은 하나님께서 그리스도인과 이방인을 어떻게 구분하시는지 알려 주고 있습니다. 하나님께서는 이런 가르침을 이방인들에게 주시지 않으며 이방인들 역시 이런 가르침을 받아들이지 않습니다. 하나님은 수녀들이 시편을 낭송하듯[49] 말씀을 앵무새처럼 반복하여 암송하고, 단지 지식을 쌓기 위해 듣기만 하는 자들을 그리스도인으로 여기지 않으십니다. 복음이 가르치는 것을 행하는 자들이 그리스도인에게 속한 것입니다(참조. 마 7:24 이하). 그럴 때 이 가르침은 우리를 힘있게 만듭니다. 하지만 그런 자들은 많지 않습니다. 많은 사람들은 듣기만 하고 행하지는 않기

---
49  의미: 이해하지 않고.

때문입니다.

**두 주인을 섬길 수 없다**

예수님은 일상생활을 예로 들어 말씀을 시작하십니다. 이 예는 우리 모두 경험을 통해 잘 알고 있는 것으로, 아무도 두 주인을 섬길 수 없다는 내용입니다. 동시에 두 주인을 섬기는 것은 진정한 섬김이 아닙니다. 왜냐하면 한 주인을 진정으로 사랑한다면 다른 주인은 사랑할 수 없기 때문입니다. 우리는 싫어하는 사람을 위해 섬기는 행동을 할 수 있습니다. 하지만 그것은 겉으로 하는, 진정성 없는 행동일 뿐입니다. 혹시 섬긴다면 그것은 주인이 손도끼를 가지고 옆에 서서 위협하는 동안에만 가능합니다. 누군가를 섬기는 것은 사랑으로 행해져야 하며 그렇지 않다면 그것은 섬김이 아닙니다.

우리는 이런 일들을 날마다 경험하지만 영적인 부분에서 훨씬 더 그렇다는 것을 깨닫지 못합니다. 하나님은 자신의 원수와 동시에 섬김을 받는 것을 참지 못하는 질투하는 분이십니다. "나만 섬기든지 아니면 나를 아예 내버려 두라"고 말씀하십니다. 하나에 매달리면 다른 하나는 등한시할 수밖에 없습니다. 이것은 하나님 앞에서도 똑같이 적용됩니다. 우리는 하나님과 맘몬을 동시에 섬길 수 없습니다.

## 하나님과 맘몬, 동시에 섬길 수 없다

우리는 이 복음의 가르침에 따라 행하며 죄를 짓지 않는 사람들을 거의 만나 볼 수 없습니다. 이것은 엄중한 판단이요, 끔찍한 소리처럼 들릴 것입니다. 하나님을 미워하고 무시하며 하나님이 저 이라는 판단을 우리는 용납하거나 고백하기를 원치 않습니다. 하지만 하나님을 사랑하고 의지하느냐는 질문 앞에, 그 누구도 하나님을 진심으로 사랑하고 있다고 자신 있게 말하지 못할 것입니다. 보십시오! 본문 말씀은 우리 모두 하나님을 무시하며 미워하고 하나님 대신 맘몬(재물)을 사랑하고 의지하고 있다고 빠르게 결론짓습니다. 돈을 사랑하고 재물에 집착하는 사람은 하나님을 미워할 수밖에 없습니다. 그리스도는 여기서 두 가지 중 하나를 사랑하고 그것에 매달리면 다른 하나는 미워할 수밖에 없다고 결론을 내리십니다. 그러므로 화려하게 살며 재물에 의지하는 자들은 하나님을 미워하는 것입니다. 반대로 돈과 재물에 의지하지 않는 자들은 하나님을 사랑합니다. 이것은 분명한 사실입니다. 그러나 하나님을 사랑하고 재물을 미워하는 사람들이 오늘날 도대체 어디에 있습니까? 온 세상과 그리스도인들을 둘러 보십시오. 재물을 무시하는 자들, 복음을 듣고 그에 따라 살려고 노력하는 사람들이 어디에 있는지 보십시오.

우리는 지금 복음을 믿고 있습니다. 그러나 어떻게 행하고 있습니까? 복음을 배우는 일에 관심을 갖습니까? 우리는 이미 복음대로 행할 수 있다고 생각하면서도 이것을 행하는 것에 대해서는 전혀 관심을 두지 않습니다. 오히려 가지고 있는 두 굴덴을 도둑맞지나 않을까 걱정하며 그것을 거실에 놓아두려고 하지 않습니다. 사람들은 1년 내내 복음 없이 살면서도 복음적인 존재로 보이기 원합니다. 복음적인 존재라면 어떻게 행해야 합니까? 관심을 재물에 두지 않으며 복음 가운데 살기 위해 행함으로 복음에 진력해야 합니다.

그러나 우리는 이런 그리스도인들을 찾기 어렵습니다. 여기서 우리는 하나님을 경멸하는 자들이요, 재물 때문에 하나님을 미워한다는 판단을 듣게 됩니다. 세상은 자신의 불신앙을 감출 수 없고 오히려 자신의 무례한 죄를 통해 불신앙을 보여 줄 뿐입니다. 단 하나의 굴덴을 그리스도와 모든 사도보다 더 높게 생각하기 때문입니다. 저는 복음을 매일 들을 수 있습니다. 만일 제가 1년 내내 복음을 듣기 원한다면 성령이 저와 함께하실 것입니다. 제가 이 순간을 붙든다면 100굴덴뿐만 아니라 모든 세상의 부를 갖는 것입니다. 제가 복음을 믿고 있다면 부족한 것이 무엇이겠습니까? 저는 금과 은을 만드시고 이 땅 위에 모든 것의 주인이신 하나님을 모시고 있습니다. 또한 그분의 영원한 보호 가운데 있습니다. 이것이야말로 모든 교회가 굴덴으로 가득 찬 것보다 더 나은 일이 아닙니까? 제가 참된 그리스도인이라면 다음과 같이 말할 것입니다.

복음이 제게 다가오면 10만 굴덴이 함께 오는 것과 같습니다. 왜냐하면 복음이라는 보물을 가지고 있는 저는 또한 모든 것을 가지고 있기 때문입니다.

### 신이지만 무능력한 맘몬

여러분은 하나님과 맘몬을 같이 섬길 수 없습니다. 하나님을 미워하고 돈을 귀하게 여기거나, 아니면 그 반대여야 합니다. 하나님과 맘몬을 섬긴다는 표현은 히브리 방식으로, 우리에게 일상적인 것은 아닙니다. 맘몬이란 사람들이 사용하는 소유물이 아니라, 이것을 소유한 자들에 의해 보물로 여겨지고 비축물로 보관되는 재물입니다. 그리스도인들은 "오늘 일용할 양식을 우리에게 주십시오"라고 기도합니다. 다른 의미의 맘몬은 세상의 신으로, 바울이 골로새서 3장 5절에서 "탐심은 우상 숭배니라"고 말한 바와 같습니다. 예수님도 이것을 '맘몬을 섬기는 것'이라고 언급하며 동의하셨습니다. 복음서와 사도 바울은 탐욕을 무엇보다 우상 숭배라고 언급하면서 하나님께 행하는 다른 죄, 가령 향락, 욕구, 분노 등에 대해서는 그렇게 언급하지 않았습니다.

우리를 유지할 수 없는 돈을 섬기고 이를 하나님(신)으로 여긴다는 것은 우리의 커다란 부끄러움입니다. 누군가 세상의 모든 부를 가지고 있더라도 그의 삶은 한순간도 안전하지 않습니다. 황제의 재산이라도 죽음의 순간에 그것이 무슨 소용이 있겠습니까? 맘몬은 신이지만 불명예스럽고 추합니다. 이것은 우리의 어떤 상처에도 도움이 되지 못합니다. 이것은 단지 돈궤에 놓여 있는 것에 불과합니다. 맘몬의 주인은 도둑이 그것을 훔칠까 봐 걱정할 뿐입니다. 사소한 것도 도울 수 없는 무능한 신이라면 죽은 신 아닙니까! 이 신은 매우 까다롭고 예민하여 자신에게 잠금장치를 하도록 합니다. 이 신의 주인은 재물이 불에 타지 않도록 늘 신경 써야 합니다. 맘몬이 걸치고 있는 의복이 있다면 그것도 매우 보잘것없는 좀으로부터 보호해야 합니다. 우리가 모든 것을 창조하시고 모든 것을 주시는 하나님보다 좀나 먹는 이러한 신을 더 신뢰한다면 얼마나 어처구니없는 일입니까? 세상이 참된 하나님에게서 돌이켜 녹이 스는 것조차 스스로 막을 수 없는 수치스러운 맘몬을 신뢰한다는 것은, 세상의 어리석음이 아니고 무엇이겠습니까? 돈과 재물에는 하나님께서 보내신 많은 적이 있는데, 이것이 우리 자신의 패악함을 깨닫도록 합니다. 우리는 많은 열매와 모든 것을 주시는 참된 하나님께 매달려야 합니다. 그러나 우리는 어리석어서 피조물을 우상으로 만들어 섬깁니다.

재물은 우리에게 자신을 보호하고 섬기라고 명합니다. 사람들은 재물이 녹슬어도 그것이 성내지 않도록 비위를 맞춥니다. 이 재물을 오랫동안 지키고 보호한 결과는 가장 불쌍한 거지보다도 얻은 것이 없는 상황일 뿐입니다. 저는 가진 것이 없지만 재물이 많은 수전노처럼 먹고 생활합니다. 수전노 역시 죽을 때는 자신이 가지고 있는 돈을 내려 놓고 세상을 떠날 것입니다. 이런 사람들은 제후민큼 부지지만 결코 제후처럼 먹지 않습니다. 주님께서는 그들에게 다음과 같이 행하십니다. 그들이 육체의 고통을 참으면서 먹을 수 없게 되거나, 마음이 미친 듯이 되거나, 음식 맛을 전혀 못 느끼게 되거나, 아니면 위장이 건강하지 않게 말입니다. 수치스러운 맘몬 신을 섬기는 자들에게는 이런 일이 생깁니다. 참된 하나님은 자신을 사용하도록 허락하고 심지어 사람들을 돕고 보호해 주시지만, 수치스러운 맘몬은 그렇지 않습니다. 신약성서는 탐욕을 우상 숭배라고 합니다. 그런데 돈을 사랑하지 않고 즐기지 않는 것, 이것은 사탄을 화나게 할 수 있습니다. 맘몬을 사랑하고 섬기는 자들은 결국 우상 숭배자들입니다. 이것을 부끄러워하지 않고 얼굴이 붉어지지 않는 자는 철면피입니다.

### 재물의 주인이냐 노예냐

'섬기다'라는 단어에는 중요한 것이 포함되어 있습니다. 재물을 소유하는 것은 금지되지 않았고 재물 없이 살 수 없다는 사실 역시 분명합니다. 아브라함, 다윗, 솔로몬과 다른 이들 역시 많은 재물을 가졌습니다. 오늘날에도 착한 부자들이 많습니다. 그러나 가지는 것과 섬기는 것, 맘몬을 가지는 것과 맘몬을 신으로 섬기는 것 사이에는 분명한 차이가 있습니다. 욥은 이렇게 말했습니다.

> 내가 언제 금으로 나의 소망을 삼았고 그것을 필요한 자들에게 주지 않았던가?(욥 31:24).[50]

하나님은 우리가 일할 때 돈을 섬기거나 돈 때문에 염려하지 않기를 원하십니다. 재물을 '가지고 있는 자'는 재물의 주인입니다. 그러나 재물을 '섬기는 자'는 재물의 노예요, 재물이 그를 소유하고

---

50 개역개정: "만일 내가 내 소망을 금에다 두고 순금에게 너는 내 의뢰하는 바라 하였다면".

있는 것입니다. 그는 재물을 선한 일에 사용하려 하지 않으며 누구도 재물에 손대지 못하게 하기 때문입니다. 그렇다면 그는 재물을 소유하고 있는 것이 아니라 오히려 재물이 그를 가지고 있는 것이요, 재물이 그의 주인인 것입니다. 그러나 아브라함처럼 재물을 가진 자는 바울의 가르침처럼(딤전 3:4-5) 우선 자신의 집을 돌보고 그 후에 아무것도 갖지 않은 가난한 자들을 구제합니다(엡 4:28). 그리스도인은 돈에게 다음과 같이 말해야 합니다.

겉옷이 없는 사람을 보라, 굴덴 귀공자여! 여기 겉옷이 없는 벌거벗은 가난한 자가 있으니 이쪽으로 와 섬기라.

이런 사람이 참된 그리스도인입니다. 그러나 맘몬을 소중히 여기는 자는 그것의 노예입니다. 도움이 필요한 이들에게 맘몬을 손에 쥐고 펴지 않는 사람은 맘몬의 노예인 것입니다. 그 외에는 다음과 같이 말씀하시는 하나님께서 주재하시도록 하십시오.

주라! 그리하면 너희에게 줄 것이다. 네가 어떤 것도 더 이상 갖고 있지 않아도 너는 넉넉히 가지고 있는 나를 아직 갖고 있다(눅 6:38).[51]

---

51  개역개정: "주라, 그리하면 너희에게 줄 것이니, 곧 후히 되어 누르고 흔들어 넘치도록 하여 너희에게 안겨 주리라".

우리는 경건하고 가난한 자들에게 관심을 기울여야 합니다. 부자들은 가난한 자들을 도와야 합니다. 당신이 그렇게 하지 않는다면 하나님을 미워한다는 판단을 받게 될 것입니다. 자신이 마지막 심판에서 이런 판단을 듣게 되리라는 사실에 놀라지 않는 사람은 그 어떤 것에도 감동하지 않습니다. 그는 하나님이 다음과 같이 하시는 말씀을 들어야 할 것입니다.

너는 나를 미워했고, 좀과 녹으로부터 보호할 수 없는 이를 사랑했다.

**염려는 금지되고 일하는 것은 명령되었다**

그리스도는 다음과 같이 말씀하시며 이 내용을 끝맺습니다. "너희들은 무엇을 먹을까 염려하지 말라". 그리스도는 합리적인 근거를 들어 원인과 이유를 설명합니다. "목숨이 음식보다 중하지 아니하며 몸이 의복보다 중하지 아니하냐". 그리스도는 다음과 같이 말씀하려고 하신 것입니다.

너희는 사실의 관계를 뒤바꿔 놓으려 한다. 음식이 몸을 섬겨야 하는데, 너희는 몸이 음식을 섬기게 한다. 의복도 마찬가지다.

세상은 눈이 멀어 이 사실을 조금도 깨닫지 못합니다. "염려하지 말라"는 구절에 있어서 재물을 '가지는 것'과 '섬기는 것'을 구분했듯이, '염려하는 것'과 '일하는 것' 역시 구분하십시오. 염려하는 것은 금지되었지만, 일하는 것은 명령되었습니다. 하나님은 인간이 빈둥거리는 것을 원치 않으십니다. 창세기에서 "네가 얼굴에 땀이 흘러야 식물을 먹고"(3:19), 시편에서 "사람은 나와서 일하며 저녁까지 수고하는도다"(104:23)라고 말씀하는 것처럼 말입니다.

그러나 염려는 멀리해야 합니다. 우리는 음식과 옷을 약속하시는 부유한 하나님을 모시고 있기 때문입니다. 하나님은 여러분이 구하기 전에 필요한 것을 모두 아십니다. 그런데 왜 하나님은 일하지 않으면 그것을 주시지 않는 것일까요? 그것은 바로 하나님이 일하라고 명령하셨기 때문입니다. 일하라는 명령대로 일한 후에 모든 것을 주십니다. 우리가 일해서가 아니라 하나님의 친절하심과 은혜로 말미암아 주시는 것입니다. 우리는 매년 들에서 일하면서 이것을 실제로 봅니다. 하나님 자신이 모든 것을 약속하셨는데 인간이 어떻게 재물을 마련할 것인지 염려하는 것은 어리석은 짓입니다. 그러나 바울은 다음과 같이 우리에게 열심을 내라고 말합니다. "다스리는 자는 부지런함으로 하라"(롬 12:8). 또한 다른 말씀에서 "아무것도 염려하지 말라"(빌 4:6), "부지런하여 게으르지 말라"(롬 12:11)고 말합니다. 하지만 모든 교회에 대한 염려가 그의 마음을 누르고 있었고 이것을 자랑으로 여겼습니다(고후 11:28).

**사랑의 염려와 믿음의 염려를 구분하라**

우리는 그리스도인의 삶을 항상 두 부분으로 나눕니다. 첫 번째는 본질을 형성하는 믿음이고, 두 번째는 사랑입니다. 믿음은 하나님을 향하고, 사랑은 이웃을 향합니다. 그리스도인은 이런 이중의 삶을 사는 존재입니다. 믿음은 하나님만 바라봅니다. 사람은 이것을 보지 못합니다. 사람이 보는 것은 사랑에서 나오는 염려입니다. 이 염려는 명령되었습니다. 하지만 믿음에서 나오는 염려는 금지되었습니다. 우리는 먼저 하나님을 내 마음에 모시고 있음을 믿어야 합니다. 하나님이 나의 염려를 짊어지심을 믿는다면 저는 이 문제를 염려할 필요가 없습니다. 이런 믿음이 있다면 우리는 "당신이 아버지라면 어떤 나쁜 일도 제게 일어나지 않을 것입니다"라고 말할 수 있어야 합니다. 우리 삶에서 "주는 나의 도움이시요"(시 40:17)라는 시편의 말씀처럼 일이 이루어지는 것을 볼 수 있기 때문입니다. 모든 것이 주님 손에 있습니다. 여기에서 염려는 항상 믿음과 반대가 됩니다.

그러나 사랑에서 오는 염려는 '하라'고 명령되었습니다. 그래서 저는 하나님이 주신 재물을 사랑의 목적으로 사용합니다. 하나님은 모든 사람을 돌보십니다. 이것은 하나님의 돌보심(염려)이고 우리가 믿어야 하는 사실입니다. 반면 하나님이 주신 재물로 누구를 어떻게 섬길지 염려하는 것, 이것은 사랑의 염려입니다. 제가 한 집안의 가장이라면 제게 맡겨진 것은 하인들입니다. 하나님이 주신 재물로 이들을 돌보는 것, 이들을 위해 염려하는 것이 제가 해야 하는 일입니다. 사랑의 염려에 대해 어떤 이의도 제기하지 않도록 주의하십시오. 하나님은 분명 "일히라, 염려하지 말라, 내가 네게 그것을 주고자 한다"고 말씀하십니다. 하나님이 이것을 주셨다면 당신은 이제 어떻게 바르게 나눌지에 대해 생각하십시오. 당신이 어떻게 그것을 얻을지 염려하지 말고 오히려 당신의 가족과 다른 이들에게 어떻게 나누어 가질지를 염려하십시오.

제가 설교자라면 설교해야 할 것을 어디에서 얻을지 염려하지 말아야 합니다. 제게 아무것도 없다면 저는 아무것도 줄 수 없습니다. 그러나 그리스도는 제게 입과 지혜를 주신다고 약속하셨습니다(참조. 눅 21:15). 물론 저는 이것들을 가져야 합니다. 하지만 제가 해야 할 염려는 다른 사람들이 저로부터 이러한 가르침을 받는 일과, 두려워하는 자들을 가르치고 위로하는 일입니다. 다른 사람이 저에게서 이것을 제대로 얻게 될 것인지 염려하는 것이 참된 염려입니다. 저는 노력해야 하고 하나님께 간구해야 합니다. 제가 이 일을 하는 것은 저의 일이요, 하나님이 원하시는 바입니다. 그러나 하나님은 제가 오랫동안 노력하더라도 저에게 아무것도 주시지 않을 수 있습니다. 하지만 때가 되면 반드시 넘치도록 채워주십니다.

한 집안의 가장도 주어진 자신의 임무를 성취해야 합니다. 그리고 하나님이 무엇인가를 주시면 그것을 다른 이들에게도 주고, 그들의 육신과 영혼이 부족하지 않도록 돌보아야 합니다. 주님은 음식과 의복을 염려하지 말라고 말씀하십니다. 그러나 당신은 일해야 합니다. 경작하기 싫다면 당신은 화로 뒤에서 오랫동안 누워 있을 수밖에 없을 것입니다.[52]

물론 하나님은 당신이 일을 안 해도 주실 수 있습니다. 그러나 설교에서처럼 당신을 사용하기 원하십니다. 하나님은 당신에게 아마포를 주십니다. 하지만 우리의 노동 없이는 아닙니다. 아무리 가축이 있어도 당신의 노동 없이는 어떤 겉옷도 만들어지지 않습니다.[53]

---

52 『교회 설교집』에는 "당신이 밭을 경작도 안 하고 일하지 않는다면, 무엇인가 당신에게 주어질 때까지 화로 뒤에서 오랫동안 누워 있어야 합니다"라고 되어있다.
53 즉, 하나님이 양의 털을 우리에게 주신다 해도 저절로 천이 만들어지는 것은 아니다. 우리는 작업을 해야 하고 털에서 천을 만들어야 한다. 천이 있다고 즉시 겉옷이 만들어지는 것도 아니다. 재단사가 일을 해야 한다. 결론적으로 하나님은 모든 것을 통해 우리가 스스로 이루거나 만들 수 없는 것을 주신다. 그러나 우리 인간은 하나님이 주신 것을 사용해야 하고 일해야 한다.

## 새 앞에 부끄러운 그리스도인이 되다

예수님이 사용하시는 다음의 비유는 우리를 부끄럽게 하기에 충분합니다.

공중의 새를 보라!

예수님은 낫으로 수확물을 거두는 새를 보느냐고 말씀하십니다. 새들은 우리처럼 일하지 않습니다. 물론 하나님은 우리가 일하지 않거나 씨 뿌리지 않고 앉아서 염려만 하기를 원치 않으십니다. 새는 우리처럼 일할 수 없지만 창조의 질서에 따라 일합니다. 새는 노래하고 새끼를 키웁니다. 만일 하나님이 새에게 더 많은 일을 부과하셨다면 새는 더 많은 일을 할 것입니다. 새들은 아침 일찍 하나님께 찬양한 후 날아가 자신의 먹잇감을 찾습니다. 새들이 노래할 때 무엇을 먹을까 염려하지 않습니다. 음식에 대해 염려할 이유가 있음에도 항상 노래합니다. 무엇을 먹을지 모르지만 노래하는 새들이 너희보다 훨씬 낫다는 사실에 부끄러워하라고 예수님은 말씀하십니다. 새들도 할 수 있는 것을 우리가 할 수 없다는 것은 우리의 가장 큰 수치입니다. 그리스도인이라면 새 앞에서 부끄러워해야 합니다. 왜냐하면 새는 배우지 않은 기술을 이해하고 있기 때문입니다. 당신이 봄에 새들에게 "너희도 창고에 곡식이 있느냐"라고 묻는다면 새는 박장대소할 것입니다. 이것은 그리스도가 우리에게 보여주신 기가 막힌 예화입니다.

그리스도는 다음과 같은 말로 끝맺습니다. "너희는 이 새들보다 귀하지 아니하냐!"(마 6:26). 그리스도가 새들을 우리의 스승으로 삼고 새들에게서 배워야 한다고 말씀하신 것은 얼마나 커다란 수치입니까! 얼마나 보기 흉하고 수치스러운 불신앙입니까! 새들은 자신이 해야 할 일을 행하지만 그리스도인들은 그만큼도 하지 못합니다. 창세기에서 우리는 모든 것의 주인이 되어야 한다는 명령을 받았지만(1:28) 새들이 지혜 면에서는 우리의 주인이 되고 있습니다. 왜냐하면 새들은 맘몬의 주인이기 때문입니다. 하나님은 우리가 지배해야 할 새들을 우리의 스승으로 세우시면서 우리를 웃음거리로 만드십니다. 새들은 스승인 인간들을 섬기는데, 우리는 맘몬을 신으로 삼고 참 하나님을 떠납니다.

### 들풀을 통해 그리스도인의 삶을 배우라

그리스도께서 "너희는 삶과 수명이 너희 것이 아닌데도 무엇을 입을까 염려한다"고 말씀하십니다. 우리가 스스로 살아가고 옷 입어야 한다는 것을 부정하는 것이 아닙니다. 우리는 일해야 하지만 염려는 하지 말아야 한다는 것입니다. 노동은 우리의 숙명입니다. 그러나 거기에 염려를 더한다면 우리는 바보입니다. 왜냐하면 한 날의 괴로움은 그날로 족하기 때문입니다. 저는 이것 또한 우리에게 주는 도전이라고 생각합니다. 우리는 소나 새가 발을 딛고 있는 가장 작은 들풀이 우리의 스승임을 인정해야 합니다. 암소들이 뜯어 먹는 들풀이지만 하나님이 그것을 높이셔서 우리의 스승이 되게 하신다는 사실에 고마움을 느껴야 합니다. 시돈의 금을 지녔던 솔로몬은 이 꽃 한 송이만큼도 차려입지 못했습니다. 풀과 백합화가 모든 진주와 금보다 낫고, 의복의 모든 장식보다 낫다는 것은 대단한 사실 아닙니까? 그러나 우리는 눈이 멀어 하나님이 보여 주시려는 것이 무엇인지 보지 못합니다. 우리가 볼 수 있도록 이곳에 꽃들이 심겨져 있습니다. 복음서는 이 꽃이 다음과 같이 말을 건넨다고 말합니다.

당신이 세상의 모든 장식으로 치장을 하고 있다 해도 염려하지 않는 나와는 전혀 비교가 안 됩니다. 당신이 아름답게 장식하고 있다고 해도 염려하는 당신은 바보이고 가진 것을 오용하는 자입니다.[54] 그러나 나는 살아 있고 아름다우며 하나님을 바르게 섬깁니다.

---

54 『교회 설교집』에는 "당신은 불신앙의 사람(가련하고 냄새나는 육체)이고 무능한 맘몬을 섬깁니다"로 되어있다.

우리의 불신앙에 대한 수치스러운 비교입니다. 새와 풀, 이것은 매우 탁월한 예입니다. 새는 먹는 것을, 꽃은 옷을 비유합니다. 당신은 복음서 어디에서도 우리를 이보다 더 수치스럽게 하는 말씀을 발견하지 못할 것입니다. 하지만 이 말씀을 이해하는 자는 매우 적습니다.

## 설교 해설

이 설교는 1525년 9월 17일(삼위일체 후 15번째 주일)에 행한 것으로 마태복음 6장 24-34절을 본문으로 하고 있다.[55]

이 설교의 주제는 크게 두 가지이다. 첫 번째는 하나님과 재물(맘몬)을 겸하여 섬길 수 없다는 것이다. 루터는 하나님은 질투하시는 분이기에 다른 대상과 같이 섬김을 받는 것을 참지 못하시는 분임을 언급하며, 섬김의 본질상 두 대상을 동시에 섬긴다는 것은 참된 섬김이 아님을 강조한다. 재물을 사랑하고 의지하는 자는 하나님을 미워하는 자다. 세상 사람, 심지어 그리스도인조차 재물 때문에 하나님을 미워하는 불신앙을 갖고 있다. 루터는 복음을 소유한 자는 보물을 가진 자이며 모든 것을 소유한 자들임을 강조한다. 금과 은을 만드시고 이 땅 위의 모든 것을 소유하신 하나님을 모시고 있기 때문이다.

루터는 재물을 악한 것으로 규정하는가? 그는 재물에 대한 탐욕을 우상 숭배로 여긴다. 모든 것을 주신 하나님이 아니라 하나님이 주신 것에 매달리고 신뢰하는 것은 죄이기 때문이다. 그러나 누구도 재물 없이 살 수 없기에 재물을 소유하는 것은 금지되지 않았다. 루터는 오히려 성경의 많은 신앙인들(아브라함, 다윗)이 많은

---

55  루터는 삼위일체 후 제15주일에 적어도 열두 번 이상을 설교했다. 참조. WA 22, XLVII.

재물을 가졌음을 지적한다. 여기서 재물을 '소유하는 것'과 '섬기는 것'을 구분할 필요가 있다. 재물을 소유하는 것과 섬기는 것은 완전히 다른 개념이다. '재물을 소유하고 있는 자'는 재물의 주인으로 그 재물을 하나님의 뜻에 합당하게 관리하고 사용한다. 즉 도움이 필요한 자와 가난한 자들을 돕는다. 그러나 '재물을 섬기는 자'는 재물의 노예로 그것을 선하게 사용하지 않고 오히려 재물이 그를 소유하여 옭아맨다.

루터의 재물관에 따르면 재물 그 자체는 도덕적 개념을 갖지 않은 중립적인 것이다. 따라서 재물에 대한 자세와 태도가 중요하며, 재물을 소유하는 것은 올바른 것이고 정당한 것이다. 하지만 재물의 소유는 소유를 위한 소유가 아니라 가난한 이웃을 돕는 봉사의 의무를 위한 소유다. 재물이 없다면 어떻게 이웃을 도울 수 있겠는가?

두 번째 주제는 무엇을 먹고 입을지 염려하지 말라는 것이다. 여기에서 루터는 '염려'와 '일'을 구분한다. 그리스도인은 염려하지 말아야 한다. 하나님께서 우리의 필요를 모두 알고 계시기 때문이다. 그리스도인의 삶은 믿음과 사랑으로 요약되는데, 믿음의 염려와 사랑의 염려는 구별되어야 한다. 신앙인이라면 자신의 문제를 하나님께 맡기며 하나님의 도우심과 돌보심을 믿으며 염려하지 말아야 한다. 반면 이웃에 대한 염려, 즉 사랑의 염려는 해야 한다. 신앙인은 이웃의 형편을 돌보며 하나님께서 주신 재물을 바르게 사용해야 한다.

마지막으로 루터는 예수님이 제시한 두 가지 예, 즉 공중에 나는 새와 들에 있는 풀을 '그리스도인의 스승'이라고 말한다. 이것들은 염려하지 않으면서 자신들의 할 일과 본분을 다하기 때문이다.

## 루터 설교 6

# 섬김의 모범 되신 예수 그리스도

성서 본문: 빌립보서 2장 5-8절

**모범 되신 그리스도**

이 서신서는 비신앙인을 위한 것이 아니라 그리스도인을 위한 것입니다.[56] 왜냐하면 복음을 믿지 않고 허구나 미련한 것으로 여기는 사람에게는 이 가르침이 결코 해당되지 않기 때문입니다. 무엇보다도 믿어야 할 사실은 그리스도께서 자신과 자신의 인격을 위해서가 아니라, 바로 우리를 위해 아버지께 순종하셨고 자신을

---

56  빌립보서 2장은 '모범 되시는 그리스도'를 말한다. 루터에 따르면 '모범 되시는 그리스도'를 뒤따르기 전(이것은 신앙인들에게 적용됨)에 '성례이신 그리스도(즉 믿음의 대상으로서의 그리스도)'를 믿어야 한다(이는 모든 사람에게 해당됨). 비신앙인에게 그리스도를 모범으로 삼아 뒤따르라고 설교하는 것은 부적절하며 오히려 행위의 의를 조장하는 것이 된다.

낮추셨다는 것입니다. 이 사실을 믿는 자에게는 이 설교가 적용됩니다. 설교의 주제는 "너희 안에 이 마음을 품으라. 곧 그리스도 예수의 마음이니, 그는 근본 하나님의 본체시나 하나님과 동등됨을 취할 것으로 여기지 아니하시고"라는 말씀입니다. 즉, 그리스도는 하나님과 동등됨을 훔치거나 도둑질하지 않으시고 "오히려 자기를 비워 종의 형체를 가지셨습니다".

사도 바울은 빌립보서 2장에서 그리스도인들을 다음과 같이 고무시키며 설교를 시작합니다. 즉 모든 사람은 자기 이웃을 보살피고 자기 일을 잊고 다른 사람의 일을 돌아보아야 합니다(빌 2:1-4). 여기서 중요한 가르침은 주님으로부터 모든 좋은 것을 받았고 주님을 통해 구원받았다고 고백하는 자라면, 이러한 사실을 다른 사람에게 보여 주어야 한다는 점입니다. 이 교훈을 가르치기 위해 그리스도의 모범보다 더 위대한 예는 어디에서도 찾을 수 없습니다. 그분은 모범을 보이면서 여러분을 구원하셨습니다. 그분이 여러분에게 보여 주신 것처럼 여러분도 다른 이들에게 보여 주어야 합니다. 물론 우리가 보여 주는 증거는 그리스도가 우리에게 행하신 것과 비교하면 매우 보잘것없는 것입니다. 여기에서 그리스도는 하나님이시지만 종이 되셨기에 비교할 수 없습니다. 다음과 같은 말씀이 계속됩니다.

그는 하나님의 본체시나 종의 형체를 입으셨습니다. 그는 하나님과 동등됨을 취할 것(약탈물)으로 여기지 않으셨기 때문입니다.

이것이 바울이 말하는 방식입니다. 독일 사람들은 이 말이 뜻하는 것을 이해하지 못합니다. 이것에 대해 지금부터 강해하려고 합니다.

### 그리스도의 신성은 타고난 것이다

사람들 가운데에는 돈과 재산을 약탈하거나 도둑질하지 않고 명예롭고 정직하게 획득한 자들이 있습니다. 이런 사람들은 "그것은 도둑질이 아니다"라고 말할 수 있습니다. 어거스틴과 다른 사람들도 이렇게 해석했습니다. 그리스도는 인간의 구세주가 되고자 (하나님 말씀의 주인이고자) 한 교황주의자들처럼 신성에 이른 것이 아니라 상속 재산으로 신성을 소유하셨습니다. 다시 말해 그리스도에게 주어진 신성은 타고난 것이지 이것을 누구에게서 산 것이 결코 아닙니다. 그런데 교황은 이 신적인 권위를 훔쳤습니다. 또한 우리 자신도 우리 영혼을 항상 지배하고 통치하려고 하기에 우리 역시 모두 도둑들입니다. 예를 들어 제후는 도둑, 살인자 또는 폭도에게 다음과 같이 말할 수 있습니다.

너는 네게 속하지 않은 제후 권력을 내게서 도둑질했다. 이 백성의 재산과 생명을 지배하는 것은 오직 제후인 내게만 주어져 있기 때문이다. 네가 그 사람의 재산과 생명을 약탈한다면 너는 불법을 행하는 것이다.

이를 교황에게 적용해 말할 수 있는 것은 그가 누리는 권력은 타고난 것이 아니라 훔치고 약탈한 것이기 때문입니다. 출생을 근거로 이러한 권리를 가진 자는 누구입니까? 그리스도는 신적인 명예와 권력을 도둑질한 루시퍼[57] 교황과 열광주의자들처럼[58] 자신의 신성을 소유하신 것이 아닙니다. 이것은 이 구절에 대한 훌륭한 이해이며 저는 이러한 이해를 배척하지 않습니다. 그리스도의 본성은 하나님이시기 때문에 그에게 신적인 권위가 주어지는 것은 당연합니다. 여기서 바울은 그리스도의 신성과 관련하여 그리스도께서 하나님과 동등한 하나님이시리는 영광을 즐기실 권리가 있음을 확인합니다.

### 그리스도는 우리를 위해 신성을 사용하셨다

---

57 교회 전승에 따르면 사탄은 타락한 천사 루시퍼다. 그는 부당하게 신적인 영광을 자기 것처럼 행했기 때문에 하나님에 의해 추락되었다(사 14:12; 눅 10:18).
58 루터는 여기서 종교개혁 시대 교황과 열광주의자들을 한 노선으로 간주다. 이 둘은 성서의 스승을 자처했고 성서를 자의적으로 해석했기 때문이다. 즉 교황은 신적인 권위를, 열광주의자들은 영을 근거로 내세웠다.

또한 재산을 올바르게 소유하고 있지만 도둑과 강도인 자들도 있습니다. 예를 들면 거지에게 "나는 내 집에 빵이 있다. 빵을 필요로 하는 자는 스스로 마련하라"고 말하는 농부가 있다면 바로 그런 자입니다. 자기에게 빵이 있는데도 이웃을 궁핍하게 살게 둔다면 이에 해당합니다. 그가 이 궁핍한 사람을 먹이지 않는다면 그의 재산이 아무리 도둑질하지 않고 훔치지 않은 것이라 할지라도 도둑질하고 약탈한 재산이 되는 것입니다. 그가 이것을 다른 사람에게서 빼앗지 않았더라도, 그는 다른 사람의 재물을 훔치고 다른 사람을 굶주리는 자로 만드는 도둑과 같은 죄를 짓는 것입니다. 왜냐하면 부유한 자가 궁핍한 자의 청을 헛되게 만들었기 때문입니다. 이렇게 행한 사람은 자신의 재물로 누구도 섬기지 않기에 자기 재물의 도둑이 되는 것입니다. 이런 의미로 암브로시우스는 다음과 같이 말했습니다.[59]

굶는 자를 먹이십시오. 그렇게 하지 않는다면 당신은 그를 죽이는 것입니다. 벗은 자를 보면 입히고 압제당하는 자를 자유하게 하십시오(사 58:6-7). 왜냐하면 당신은 이런 곤경 가운데서 당신 재물을 가지고 행해야 할 의무가 있기 때문입니다. 다시 말해 당신은 당신의 이웃을 도울 의무가 있습니다.

---

[59] 암브로시우스(Ambrosius, 약 340-397)는 밀라노의 주교로서 어거스틴에게 세례를 주었고 큰 영향을 끼친 고대교회의 중요한 교부이다. 그래서 '교회박사'(doctor ecclesiae)로 불린다.

바울은 본문 말씀에서 이런 의미로 그리스도에 대해 말합니다. 그리스도는 본질적으로 신성을 가지고 있을 뿐만 아니라, 신성을 사용하고 다루는 방법에서도 신성을 가지셨습니다. 그러므로 "그는 어떤 것도 도둑질하지 않았다"고 하지 않고 "그는 그것을 취할 것(약탈물)으로 여기지 않았다"고 한 것입니다. 그는 본질적으로 하나님이시고 자신의 신성을 도둑질하지 않으셨습니다. 도둑에는 두 가지 유형이 있습니다. 즉 물건을 훔치는 자와, 물건을 자신만의 유익을 위해 사용히고 이웃에게는 해가 되도록 하는 자입니다. 그는 신성을 취할 것으로 여기지 않으셨습니다. 다시 말해 그는 소유와 관련해 자신의 재물의 도둑이 아니라, 자신의 재물을 도둑과 욕심 많은 재물 소유자처럼 사용하지 않으셨다는 것입니다.

주는 것과 섬기는 것을 거부하는 자는 그리스도를 부인히는 자다

바울은 여러분에게도 그렇게 하라고 말합니다. 만일 제가 배웠고 설교할 수 있으며 설교하도록 부름을 받았는데, 설교를 필요로 하는 자들에게 설교하지 않는다면 저는 그들에게서 설교를 도둑질하는 것입니다. 여기서 저의 지식(박식함)은 제 소유입니다. 여러분이 이것을 제게 주지 않았고 저 역시 이것을 훔치거나 빼앗지 않았습니다. 그러나 제가 이 지식을 필요로 하는 사람에게 주지 않

는다면 저는 그 사람에게서 이것을 강탈한 것이 됩니다. 저는 그에게 이것을 해야 할 의무가 있으며 그것은 제게 속하지 않고 그에게 속한 것이기 때문입니다. 제가 그에게 "사랑하는 친구여! 나는 그것을 너에게서 배우지 않았다. 너는 나의 선생이 아니었다"라고 말하는 것은 아무 소용이 없습니다. 상인들도 "하나님께서 내게 그것을 주셨다. 나는 내가 원하는 대로 그것을 줄 수도 그렇지 않을 수도 있다"고 말하지 않도록 주의해야 합니다.

그리스도는 그렇게 행하지 않으셨습니다. 그는 신성을 소유했으며 참된 하나님이었을지라도 우리에게 "너희는 가련한 죄인이다. 그러나 나는 복되고 참되고 지혜롭다. 너희가 내게 무엇을 청할 수 있겠는가!"라고 말하지 않으셨습니다. 누구도 그리스도에게 어떤 것을 주지 않았고, 그리스도 역시 누구에게서 어떤 것을 빼앗지 않으셨어도 그는 신성을 취할 것으로 여기지 않으셨습니다. 그러므로 그는 신성을 훔치기라도 한 자처럼 자신을 위해 사용하신 것이 아니라, 다른 사람의 유익을 위해 사용하셨습니다. 그리하여 그의 의와 신성, 그리고 그의 능력과 지혜는 그에게만 머무는 것이 아니라 그에게 외치는, 그를 믿고 그에게 구하는 모든 사람이 소유하게 하신 것입니다.

그리스도가 행한 일은 이것입니다. 그는 단지 고기를 곁들인 한 조각의 빵[60]과 같은 보잘것없는 구제를 한 것이 아닙니다. 그가 다스릴 제국이 단지 네 개의 나라만 있는 것이 아니고,[61] 저와 여러 교사들이 가지고 있는 하찮은 지식만 가지신 것도 아닙니다. 그는 하나님과 동등하다는 선물을 갖고 계십니다. 그럼에도 이것을 포기하고 "신성은 나만의 것이어서는 안 된다. 오히려 이것은 네게 속한 것이어야 한다"고 말씀하십니다. 쓸모없고 불쌍한 인간인 우리는 굴덴이나 겉옷에 주목합니다. 당신은 이웃이 겉옷을 필요로 하는 것을 보면서도 그에게 어떤 겉옷도 주려 하지 않습니다. 당신 자신을 도둑과 강도로 만들면서 당신은 누구에게도 아무 빚진 것이 없다고 말합니다. 그리스도는 우리에게 셀 수 없이 많은 은혜를 주셨고 심지어 자신까지도 주셨습니다. 그러나 가련한 거지인 우리는 우리의 것으로 다른 사람을 돕지 않습니다. 주님 자신은 자신의 신성을 사용하셨습니다.

### 그리스도의 모범은 우리 행위를 부끄럽게 한다

---

60  본문에 "teller brot"로 되어있는데 이 말은 사람들이 고기를 위에 얹어서 거지에게 준 한 조각의 빵을 뜻한다.

61  여기서 루터는 아마 당시 황제인 칼 5세를 염두에 둔 것 같다. 칼 5세는 아버지에게서 네덜란드와 부르군드 일부분을, 할아버지에게서 합스부르크 땅을, 어머니에게서는 스페인과 시칠리아 그리고 새로 발견된 미국 땅을 상속받았고, 결국 신성 로마제국의 황제가 되었다.

당신은 그리스도인이 아닙니까? 그리스도가 여기에서 보여 주신 예를 보십시오. 그에게 중요한 것은 보잘것없는 구제도, 터키 황제의 왕관도, 하늘과 땅, 그리고 태양과 달도 아닙니다. 단지 우리의 모든 덕은 그리스도가 하신 일 앞에서는 부끄러울 뿐입니다. 비록 최후의 심판의 날에 "나는 설교했다", "나는 가르쳤다", "나는 굶주린 자를 먹였고 벌거벗은 자에게 옷 입혔다"(참조. 마 25:35 이하)고 자랑한다 해도 이 모든 것은 그리스도 자신이 하신 것에 비하면 아무것도 아닙니다. 그때 오히려 "사랑의 주님, 심판의 날에 저를 긍휼히 여기소서. 제가 행한 선한 일에 대해 침묵하겠습니다"라고 말해야 합니다.

우리의 선행과 성인들의 공로가 그리스도가 당신을 위해 희생하신 신성에 비하면 무슨 가치가 있겠습니까? 그리스도는 마치 당신이 하나님이고 자신은 당신의 종인 것처럼 높이셨습니다. 우리 모두는 이 사실을 염두에 두어야 합니다. 그러나 우리는 그렇게 하지 않습니다. 그리스도가 우리에게 보이신 모범은 안중에도 없습니다. 또한 누군가 무엇인가를 할 수 있다면 그는 스스로 이러한 능력을 가지고 있다고 생각하며 자신의 모든 재산과 함께 찬미되고 숭배되기를 원합니다. 그러므로 저는 이 성경 본문이 오직 그리스도인들을 위한 것임을 말씀드립니다.

오늘 본문이 말씀하는 첫 번째 내용은, 그리스도가 모든 권리를 갖고 있음에도 자신의 신성을 자신만의 소유로 사용하기를 원치 않으셨다는 것입니다. 그리스도는 "나는 하나님이고 너는 타락한 인간이다. 나는 네가 나를 숭배하기를 원한다"고 말씀하기를 원하지 않으셨고, 오히려 다음과 같이 말씀하십니다.

비록 나는 하나님이지만 내가 하는 일과 가진 모든 것을 가지고 너를 섬기고자 한다. 나는 네 섬김을 받으러 온 것이 아니다.

따라서 저 또한 제가 가진 모든 것을 가지고 다음과 같이 행하고 생각해야 합니다. 즉 제 명예, 재산, 권력 때문에 제가 찬양받고 섬김을 받는 것이 아니라, 이것으로 다른 이를 섬겨야 합니다. 왜냐하면 그리스도가 그렇게 행하셨기 때문입니다. 이로써 어떤 선한 행위든 제가 행한 모든 행위에 대한 교만과 신뢰는 깨지게 됩니다. 그것은 선한 행위가 하나님의 마음에 들지 않아서가 아니라, 하나님께서 당신에게 목표를 너무 높이 세우셔서 선한 행위로는 그것에 도달할 수 없기 때문입니다. 당신은 하나의 굴덴이나 겉옷을 주었지만 그리스도는 자신의 신성을 주셨습니다. 이것이 첫 번째 내용입니다.

## 돕고자 하는 마음이 오용되어서는 안 된다

그렇다고 "나는 가련한 사람이다. 사람들은 내게 아무것도 주지 않으려 한다"고 말하는 거지들에게 무엇인가를 허용하라는 것이 아닙니다. 그리스도는 "나는 의인이 아니라 죄인을 구원하기 위해 왔다. 왜냐하면 의사를 필요로 하는 자들은 건강한 자가 아니라 병든 자이기 때문이다"라고 말씀하셨습니다(마 9:12-13). 당신이 그리스도인이며 병들지 않고 건강하다면 "나는 강하고 건강합니다. 나는 당신 도움이 필요하지 않습니다. 나는 일할 수 있습니다"라고 말하십시오.

그러나 오늘날의 상황은 그렇게 전개되지 않고 있습니다. 사람들은 구걸하며 마냥 놀려고 합니다. 아무 일도 하지 않고 나서는 후에, "사람들이 우리를 먹여 살려야 합니다"라고 말하는 건강한 사람들도 있습니다. 당신이 일할 수 있는데도 저와 다른 사람들의 돈주머니로 살려고 한다면 우리는 당신을 도울 의무가 없습니다. 오늘날 많은 이들이 아이를 데리고 거리를 오갑니다. 이들은 실을 잣거나 물을 날라야 할 것입니다. 그들이 자신의 아이를 다른 사람을 위해 일하게 하는 대신 구걸하게 하면서도 "사람들이 내 아이를 꾸짖는다"라고 불평합니다. 집으로 돌아가십시오! 누구도 이런 당신에게는 어떤 것도 주어서는 안 됩니다. 저 역시 제 어머니의 아

이였고 많은 일을 하면서 고생을 하였습니다. 그들은 복음이 자유
를 주기 때문에 게을러도 된다고 생각합니다. 당신은 강하고 건강
하니 명인이 될 수 없다면 기능공이라도 되십시오! 이것도 불가능
하다면 수레를 가지고 제방(堤防)으로 가십시오!⁶² 여성이라면 먹
을 것을 얻기 위해 옷을 짓거나 다른 일을 찾으십시오. 그리고 사
람들을 괴롭히지 마십시오. 게으르게 사는 가난한 사람들은 오히
려 처벌받아야 합니다. 게으른 사람들 중에는 작센의 제후보다 더
아름다운 생활을 하고, 후에는 공동의 금고에 의존하려는 사람노
있습니다.⁶³

그러면 어떻게 되겠습니까? 도시는 거지로 가득 차게 될 것입
니다. 하지만 대학생들은 도움을 받아야 합니다. 학문으로는 아직
먹고살 수 없기 때문입니다. 그러나 여러분은 "야! 여기 비텐베르
크에서는 가난한 자들에게 좋은 일을 행해야 한다고 설교한다"고
말하며 어떤 일도 하지 않으려 합니다. 당신이 건강하고 밭에서 일
할 수 있는데도 게으르게 살려고 한다면, 사람들은 당신과 당신

---

62  즉 "도시 벽을 세우는 일에 일용 근로자로 일하시오!" 이 설교를 하는 해(1531년)에 비텐베르
크의 성(城)이 확장되었다.
63  종교개혁과 함께 기존에 있던 교회 재산과 미사 예배를 위한 재단(財團)으로 이루어진 재
산들에 대한 새로운 규정이 생겼다. 이 재산들은 루터의 제안에 따라 소위 '공동금고'로 편입
되었다. 이로부터 목사와 교장은 봉급을 받았으며 이것으로 교회와 학교가 유지되고 가난
한 사람들이 부양되었다.

아이를 길거리로 내쫓아 굶주려 죽도록 해야 할 것입니다. 그런 일을 당한 후에야 여러분은 정원으로 기어 들어갈 것입니다. 우리는 이런 자들을 위해 설교하지 않습니다.

### 건강과 힘을 가진 자는 일하여 빵을 얻어야 한다

그리스도는 건강한 사람들을 위해 죽으신 것이 아닙니다. 그리스도는 스스로 도울 수 없는 자들을 위해 자신의 신성을 사용하셨습니다. 이런 경우에는 나의 굴덴으로 당신을 도와야 하고, 나의 빵이 당신 빵이어야 하며 나의 것은 당신에게 속해야 합니다. 단, 당신이 곤경에 처해 있을 때입니다. 그러나 만일 당신이 저보다 건강하며 가난하고 먹여 살려야 할 자녀들이 있다면 일을 하든지 아니면 굶주려 죽으십시오! 빈둥빈둥 노는 게으른 사람들을 먹여 살려야 한다는 말은 어디에도 없습니다. 하인들과 노동자들도 "우리는 개신교도들이다. 사람들은 우리를 도와주어야 한다"고 말합니다. 정말이지 사람들이 당신을 쫓아내도록 해야 합니다.

만일 아이들을 일하지 않도록 하는 누군가를 알고 있다면, 저는 시장에게 부탁하여 그 사람을 감옥에 가두어 굶주리도록 할 것입니다. 왜냐하면 그들은 아무 일도 하지 않으면서 우리 땀을 오용하고 우리에 의해 먹고 살려고 하기 때문입니다. 길거리에서 실을 잣거나 물을 나르거나 집에서 봉사하는 이들을 자주 보는 것처럼, 만일 누군가 일할 수 있고 스스로 빵을 벌 수 있다면 "가서 당신의 빵을 버시오!"라고 해야 합니다. 그러나 만일 누군가 연약하여 스스로 먹고살 수 없다면, 그에게는 그리스도와 그의 모범이 유효합니다. 그리스도가 "나는 내 신성을 사용했다"고 말씀하셨다면 우리 또한 할 수 있는 한 약한 자를 도와야 하며 컵을 선물로 주어야 합니다.[64]

그러나 만일 하인이 교만하냐면 그를 그의 부모에게 가게 하시오! 그들이 언젠가 한 조각의 빵을 기꺼이 벌고자 하는 때가 올 것입니다. 그리스도는 강한 자를 위해서가 아니라 스스로 도울 수 없는 자들을 위해서 죽으셨습니다. 오늘 말씀은 이런 사실에 매우 적절합니다.

---

64  루터는 종종 컵을 선물로 주었다. 그러나 설교 원문에 '컵'이라고만 쓰여 있고 나머지는 생략되어있기 때문에 다른 해석도 가능하다. 즉 마태복음 10장 42절의 소자에게 냉수 한 그릇을 주는 장면과 관련된 것으로 볼 수도 있다.

## 설교 해설

이 설교는 1531년 4월 2일 종려주일 오후 예배에서 선포된 것이다. 루터는 종려주일에 예수님의 예루살렘 입성과 성례전에 관해 설교하곤 했다. 그리고 빌립보서 2장을 본문으로 세 차례 설교했다.[65]

루터는 빌립보서 2장에 관한 설교에서 그리스도를 그리스도인이 본받아 살아야 할 모범으로 제시하면서 이웃을 섬기고 사랑하는 그리스도인의 삶을 강조한다.

이 설교는 그리스도인은 그리스도가 하신 것처럼 이웃에게 행해야 한다고 강조한다. 그리스도의 행동, 즉 섬기면서 주시는 모습은 모든 그리스도인이 뒤따라야 할 모범적 행동이다. 이를 거부하는 것은 곧 그리스도를 거부하는 것이라고 루터는 말한다. 그리스도가 신성을 자신을 위해 간직한 것이 아니라 우리에게 유익이 되도록 포기하신 것처럼, 우리도 가진 모든 것을 이웃을 섬기는 데 사용해야 하며 자신만을 위해 이기적으로 사용해서는 안 된다.

루터는 그리스도가 신성을 자신을 위해 취할 것으로 여기지 않

---

[65] 빌립보서 2장 설교는 1523년 3월 29일, 1528년 4월 5일, 1531년 4월 2일 종려주일에 행해졌다. 그 외에 빌립보서 2장 5절 이하에 관한 중요한 설교는 유명한 "두 종류의 의에 관한 설교"(루터설교 7장 참조)이다.

으셨다는 사실, 다시 말해 신성을 약탈하거나 도둑질하지 않으셨음을 강조한다. 이를 근거로 정당하게 얻은 재산이라도 궁핍한 사람들을 돕지 않는다면 그 사람은 도둑인 것이다. 자신의 소유를 이웃을 위해 사용하지 않으면, 그것을 훔치거나 빼앗은 것이 아닐지라도 그 소유는 이웃의 것을 강탈한 것과 같다는 의미이다. 신앙인에게 자신의 빵은 이웃의 빵이 되어야 하고, 자신이 소유한 것은 그것을 필요로 하는 자의 것이 되어야 한다. 물론 루터는 그리스도를 뒤따르는 이웃 사랑과 섬김을 강조하지만, 이것으로 구원을 받는 것이 아니라 오직 그리스도가 하신 일을 통해, 그리고 그리스도를 믿음으로 구원받는다는 사실을 잊지 않고 설교한다.

우리는 이 설교를 통해 당시 비텐베르크시에는 그리스도인의 이웃 사랑을 잘못 이해하거나 오용하는 자들이 있었다는 것을 알 수 있다. 이들은 그리스도인들의 이웃 사랑을 구실로 일하지 않으면서 구걸했던 것 같다. 여기서 루터는 그리스도인들의 이웃 사랑과 섬김에 대한 한계를 분명하게 그어 준다. 그리스도인들은 그리스도를 뒤따르며 아낌없는 이웃 사랑과 섬김을 해야 하지만, 열광주의자들이나 이상주의자들과는 달리 현실을 직시해야 한다고 강조했다. 그리스도가 가난하고 도움이 필요한 자들에게만 주려고 하신 것처럼, 그리스도인들도 그렇게 해야 한다. 그리스도는 건강한 자를 위해서가 아니라 병든 자에게 의사와 돕는 자로 오셨다.

그리스도인들 역시 자신이 가지고 있는 재물로 곤궁한 자를 도와야 한다. 하지만 자신의 손으로, 심지어 자녀의 손으로라도 생계를 꾸릴 수 있는 자들은 도움 대상에서 분명하게 제외하였다.

## 루터 설교 7

# 그리스도의 마음을 품으라

### 성서 본문: 빌립보서 2장 5-6절

**하나님의 형체인 그리스도**

"너희 안에 이 마음을 품으라 …"(빌 2:5 이하). 여러분은 그리스도가 여러분에게 애정을 보여주신 것처럼 서로를 느끼고 서로에게 친절해야 합니다. 그리스도는 어떻게 행하셨습니까? 그는 하나님의 형체(forma dei)시나 하나님과 동등됨을 취할 것으로 여기지 않으시고, 오히려 자기 자신을 비워 종의 형체를 가지셨습니다. 여기서 하나님의 형체란 하나님의 실체(substantia)를 의미하는 것이 아닙니다. 마찬가지로 종의 형체도 인간의 실체로 볼 수 없습니

다.[66]

하나님의 형체란 지혜, 능력, 의, 친절과 자유를 의미합니다. 그리스도는 결코 이것을 한 번도 포기한 적이 없기 때문입니다. 그리스도는 인간으로서 자유하고 강하고, 지혜로우며 다른 모든 인간과 달리 어떤 악덕과 죄에 빠지지 않았음에도 불구하고(말하자면 그는 하나님께 걸맞은 본체(forma)를 갖고 계셨습니다), 이러한 본체를 과시하거나 자만하지 않으셨고 악에 사로잡혀 이것을 행하는 이들을 부끄럽게 하거나 업신여기지 않으셨습니다. "내가 다른 사람들 같지 않음을 하나님께 감사드립니다"라고 말한 바리새인처럼 행하지 않으셨습니다(눅 18:11). 바리새인은 다른 사람들의 가련함을 즐거워했고 그들이 자신과 같아지는 것을 원하지 않았습니다. 이것은 도둑질입니다. 그는 자신이 가지고 있는 것을 움켜쥐고 소유하며 하나님께 속한 것을 하나님께 돌려 드리지 않았습니다. 또한 자기의 소유물로 다른 이들을 섬기면서 다른 사람과 같아지려고 하지도 않았습니다. 이렇게 바리새인들은 하나님처럼 되기를 원하고 자기만족에 우쭐대며 자신의 명예를 추구하고 누구의 짐도 지려고 하지 않았습니다.

---

[66] 루터는 그리스도의 하나님 실체(substantia Dei)와 인간 실체를 비교하며 이것을 하나님의 형체(forma Dei)와 종의 형체(forma servi)와 혼동해서는 안 된다고 강조한다.

## 종의 형체인 그리스도

그리스도는 이런 생각을 품지 않으셨습니다. 오히려 자신의 형체를 하나님 아버지께 돌려 드리면서 포기하셨습니다. 그는 우리에게 높은 지위를 사용하려 하지 않으셨고 우리와 다르기를 원치 않으셨습니다. 오히려 종의 형체를 취하고 우리 중 한 사람과 같이 되셨습니다. 스스로 모든 고통에 복종하셨습니다. 그는 자유로웠지만 스스로 (사도 역시 말한 것처럼) 모든 사람의 종이 되셨으며, 우리의 모든 고통을 마치 자신의 것처럼 여기셨습니다(고전 9:19). 우리의 죄와 벌들을 스스로 담당하셨으며, 마치 자신을 위해 행하는 것처럼 우리를 위해 이것들을 극복하셨습니다.

그는 우리에게 하나님이요 주인일 수 있었지만 그것을 원치 않으셨고, 오히려 로마서 15장(1, 3절)에서 말하는 것처럼 우리의 종이 되기를 원하셨습니다. "우리는 우리 자신을 기쁘게 하지 말아야 합니다. 왜냐하면 그리스도도 자신을 기쁘게 하지 않으셨기 때문입니다". 성서는 "너를 비방하는 자들의 비방이 내게 미쳤다"(시 69:10)라고 증언합니다. 이것은 위에서 말한 것과 같은 의미입니다.

## 하나님과 동등하게 여기지 않으셨다

그리스도가 자신을 하나님과 동등하게 여기지 않으셨다는 말씀은 많은 사람들이 받아들이는 긍정의 의미보다는 부정의 의미로 이해되어야 합니다. "당신이 저에게 영광을 돌리지 않으면 저 스스로 영광을 취할 것이다"라고 (버나드가 말한 것처럼)[67] 하나님께 말하는 이들과 그리스도는 다릅니다. 그들은 자만하여 하나님과의 동등됨을 강탈하려고자 하지만 그리스도는 이것을 원치 않으셨습니다. 따라서 그리스도가 하나님과 동등하다는 사실을 놓고 강도짓(취할 것)으로 여기지 않으셨다는 것처럼 긍정(확언)의 의미로 이해하는 것은 적절하지 않습니다.

왜냐하면 바울은 인간으로서의 그리스도에게 초점을 맞춰 말하고 있기 때문입니다. 사도가 원한 것은 그리스도인 개개인이 그리스도의 예를 따라 서로 섬기는 자가 되어야 한다는 점입니다. 그리스도인들이 다른 사람을 능가하는, 그리고 하나님의 형체와 같음을 자랑할 수 있는 그런 지혜, 의, 또는 능력을 가지고 있다면 이것을 자신을 위해 소유하지 말고 하나님께 돌려드려야 합니다. 마치 이것을 갖고 있지 않은 것처럼, 아무것도 갖고 있지 않은 자들처럼 행해야 합니다. 이는 각자가 자신을 생각하지 않은 채 이웃의

---

67  버나드(Bernhard von Clairvaux): "하나님을 사랑함에 대하여"(De diligendo deo), 2,4–5.

약함과 죄와 어리석음을 자기 자신의 것으로 여기면서 하나님께서 주신 재능들을 포기하며 이웃을 대하기 위함입니다. 따라서 우리는 마치 내가 다른 이에게 하나님인 것처럼 또는 하나님과 동등하기라도 하듯이 자신을 자랑하거나 우쭐대지 말아야 합니다. 또한 그를 업신여기거나 승리의 개가를 불러서도 안 됩니다. 오직 하나님께만 돌려드려야 하는 것을 교만과 자만으로 자신에게 돌릴 수 있기 때문입니다. 이것이 바로 강탈입니다.

그리스도의 예를 따라 이웃을 섬길때 우리는 종의 형체를 갖게 됩니다. 갈라디아서 5장 13절은 사도의 "사랑으로 서로 종노릇 하라"는 말씀이 성취되는 것이기도 합니다. 이를 로마서 12장(4절 이하)과 고린도전서 12장(12절 이하)에서는 몸의 각 지체를 예로 들어 가르칩니다. 즉, 강하고 존경할 만하며 건강한 신체 부위는, 약하고 존중받지 못하며 병든 신체 부위에 대해 마치 하나님인 양 그것을 지배하면서 뽐내는 것이 아니라, 그것의 명예, 건강, 능력을 개의치 말고 섬겨야 합니다. 지체가 더 약하고 병들고 존경받을만 하지 못할수록 더욱 그래야만 합니다. 바울의 말을 빌리면 지체들은 몸의 분쟁이 없도록 서로 돌봐야 하기 때문입니다(고전 12:25). 이것으로 우리는 모든 일에 있어서 이웃과 어떻게 관계를 맺어야 하는지 분명하게 알 수 있습니다.

### 시몬에게서 의의 형체를 벗기다

우리가 자원하여 하나님의 형체를 벗어 버리고 종의 형체를 갖지 않으면, 우리는 그렇게 하도록 강요받고 오히려 가진 것조차 빼앗기게 될 것입니다. 누가복음 7장(36절 이하) 말씀을 명심하십시오![68] 여기에서 나병환자 시몬[69]은 하나님의 형체 가운데 의로운 자로 앉아 교만하게 막달라 마리아를 판단하며 멸시합니다. 그는 마리아에게서 종의 형체를 봅니다.

그런데 이 판단하는 사람이 어떻게 되는지 보십시오! 시몬이 마리아를 판단하는 즉시 그리스도는 그에게서 의의 형체를 벗겨버리고 죄의 형체를 입히셨습니다. 시몬에게 "너는 나에게 입맞춤도 하지 않았고 나의 머리에 기름을 바르지도 않았다"고 말씀하십니다(눅 7:45). 시몬이 깨닫지 못한 그 죄가 얼마나 큰지 보십시오! 추한 형체 가운데서도 자신이 흉물임을 전혀 깨닫지 못합니다. 그의 선행은 전혀 기억되지 않습니다. 그리스도는 시몬 스스로 마음에 흡족해하며 자신을 교만하게 여기는 한, 그가 입은 하나님의 형체를 전혀 인정하지 않으십니다. 그리스도는 시몬의 초대를 받아 음식 대접을 받고 존경받은 것에 대해서는 아무 말씀도 하지 않으십

---

68  루터는 누가복음 7장 36-50절의 사건을 마태복음 26장 6-13절과 마가복음 14장 3-9절의 베다니 향유 사건과 연결하여 설명한다.
69  마가복음 14장 3절.

니다. 의롭다고 (잘못) 생각한 나병환자 시몬은 이제 단지 죄인일 뿐입니다. 하나님 형체의 영예는 벗겨져 그는 이제 원하든 원하지 않든 불명예와 종의 형체로 앉아 있습니다. 그런데 마리아에게는 정반대의 상황이 펼쳐집니다. 그리스도는 마리아에게 경의를 표하며 하나님의 형체를 그녀에게 입혀주시면서 시몬보다 높이시며 말씀하십니다. "이 여인은 나의 발에 기름을 바르고 입을 맞추고 눈물로 씻고 머리카락으로 닦아 주었다"(눅 7:44). 마리아와 시몬이 깨닫지 못한 공로를 보십시오! 어느 누구도 마리아가 과거에 지은 잘못은 기억하지 않습니다. 그리스도는 그녀에게서 종의 형체를 보지 않으십니다. 마리아는 의인이며 하나님의 형체를 갖고 있었기 때문입니다. 그리스도는 그녀를 통치자의 형체로 높이면서 영예롭게 하신 것입니다.

### 그리스도는 모범이 되신다

이와 같은 방식으로 그리스도는 우리 모두에게 행하십니다. 우리가 의, 지혜, 강함으로 우쭐대고, 불의하며 어리석고, 우리보다 더 연약한 자들에 대해 격분할 때마다 매우 불합리한 일들이 발생합니다. 즉 의가 의에, 지혜가 지혜에, 힘이 힘에 대항하여 작용합니다. 여러분의 강함은 약한 자를 억압하여 더 약하게 만들기 위한 것이 아니라, 그들을 칭찬하고 옹호하여 강하게 만들기 위한 것입니다. 여러분이 지혜로운 것은 어리석은 자들을 비웃고 더 어리석게 만들기 위한 것이 아니라, 다른 사람들이 여러분에게 해주기를 원하듯(참조. 마 7:12) 그들을 떠맡고 지혜롭게 하기 위한 것입니다. 여러분이 의로운 것은 불의한 자들을 변호하고 용서하기 위해서지, 그들을 정죄하고 무시하고 심판하면서 벌주기 위한 것이 아닙니다. 이것이 바로 그리스도께서 우리에게 보여주신 모범입니다. 그분이 말씀하신 것처럼 "인자가 온 것은 세상을 심판하려 함이 아니라 세상이 그를 통해 구원받고자 함이다"(요 3:17. 참조. 12:47). 누가복음 9장(55절 이하)에서도 "너희는 무슨 정신으로 말하는지 모르는구나. 인자는 사람의 생명을 멸망시키러 온 것이 아니요 구원하러 왔노라"[70]라고 말씀합니다.

그러나 본성(natura)은 격렬하게 그것에 저항합니다. 본성은 처벌하는 것을 매우 즐거워하고 자기 의와 이웃의 불의를 기뻐합니다(참조. 빌 3:19). 또한 자기 자신의 것을 추구하고 자신의 것이 이웃의 것보다 더 나음을 기뻐하면서 이웃을 업신여기고, 이웃의 것이 보잘것없기를 바랍니다. 이러한 왜곡은 추악한 죄에 해당합니다. 자신의 것을 추구하지 않고 이웃의 것을 추구하는 이웃 사랑과 반대됩니다(고전 13:5; 빌 2:4). 우리는 이웃의 것이 자신의 것보

---

70  이 구절은 개역개정 성경에는 빠져 있으며 다른 사본에 나와 있다. 난외의 주 참조.

다 더 낫지 않음을 가슴 아파해야 하며, 그것이 자신의 것보다 더 낫기를 바라야 합니다. 즉, 자기 자신의 것이 더 나아서 기뻐하는 것 못지않게 이웃의 것이 더 나은 것에 대해 기뻐해야 합니다. 그것이 율법이요 선지자이기 때문입니다.

## 공적인 사람과 사적인 사람을 구분하라

당신은 다음과 같이 이의를 제기할 것입니다.

악인을 징계하는 것은 허용되지 않았는가? 죄를 벌하는 것은 옳은 일 아닌가? 의를 옹호할 의무가 있지 않은가? 그렇게 하지 않는 것은 죄지을 기회를 제공하는 것과 같다.

이에 대한 대답은 간단하지 않습니다. 우선 사람을 구분해야 합니다. 그가 공적인 책임을 갖고 있는 존재인지, 그런 책임에서 자유로운 사람인지 구별할 필요가 있습니다. 공적인 사람, 즉 하나님의 직무가 있거나 지도자직에 있는 사람에게는 앞에서 말한 것이 해당되지 않습니다. 그의 필요한 직무는 악인을 벌하며 심판하고, 억압받은 자들의 원수를 갚아주고 그들을 보호하는 것입니다. 이것은 그들을 통해 하나님이 행하시는 일이기 때문입니다. 사도 바울이 로마서 13장 4절에서 "세상의 권세가 공연히 칼을 갖지 아니하였으니"라고 설명하는 것처럼, 그들은 하나님의 심부름꾼으로서 이 직무를 행해야 합니다.

그러나 이것은 다른 사람의 일과 관련되는 경우에만 적용해야지 자신의 일에 적용해서는 안 됩니다. 모든 하나님의 대리인은 자신과 자신의 일을 위해서가 아니라 다른 사람을 위해 존재하기 때문입니다. 공적인 사람이 자신의 이해관계와 관련된 문제를 다루어야 한다면 자기 자신이 아닌 다른 하나님의 대리인을 찾아야 합니다. 이 경우에 그는 더 이상 재판관이 될 수 없습니다. 그러나 이 일에 대해서는 사람마다 다르게 말합니다. 이것은 너무나 광범위하여 여기서 자세히 다룰 수는 없습니다.

### 하나님의 대리자에게 복수와 심판을 구하는 자

자기 일과 관련하여 개인 자격을 분류하자면 세 종류의 사람으로 나눌 수 있습니다. 첫째는 하나님의 대리자에게 복수와 심판을 구하는 사람입니다. 오늘날 많은 사람이 여기에 속합니다. 사도는 고린도전서 6장에서 그들을 수용하지만 인정하지는 않습니다. "모든 것이 가하나 다 유익한 것은 아니다"(고전 6:12). 이 일에 대해 계속해서 그는 "너희가 피차 소송을 한 것은 좋지 않은 일이다"(고전 6:7)라고 말합니다. 그는 큰 악행을 피하려고 이런 작은 일들을 참습니다. 소송은 사람들이 사적으로 문제에 대응하지 않도록 하기 위함이며 또한 악을 악으로 갚거나 자신의 소유물을 획득하려고 다른 사람에게 무력을 행사하지 않도록 하기 위한 것입니다. 그러나 이런 사람들이 선하게 변하지 않고 합법적인 것을 포기하며 자기 자신의 유익들을 좇는다면, 하늘나라에 들어가지 못할 것입니다(참조. 고전 6:9). 자신의 유익을 추구하는 성향은 소멸되어야 하기 때문입니다.

### 복수를 원하지 않는 자

두 번째는 복수를 원치 않는 사람들입니다. 이들은 복음에 따라 속옷을 가져간 사람에게 기꺼이 겉옷까지 주려고 하며(참조. 마 5:40) 어떠한 악행에도 저항하지 않습니다. 이들이 바로 하나님의 자녀이고, 그리스도의 형제이며, 축복의 상속자입니다(참조. 롬 8:16 이하; 갈 4:7). 이들은 성서에서 고아, 미숙한 자, 과부, 가난한 자들이라고 불립니다(참조. 시 10:14; 68:5). 하나님께서는 이들의 아버지요 재판장으로 불리기를 원하십니다. 그들은 스스로 복수하려 하지 않기 때문입니다. 심지어 권력을 가진 자들이 그들을 위해 복수하려고 할 때에도 그들은 이것을 원하거나 구하지 않습니다. 그들은 단지 이것을 허락할 뿐입니다. 오히려 그들이 완전하다면 이것을 금하고 막으려 합니다. 심지어 자신의 다른 것도 잃을 것을 각오합니다.

만약 여러분이 "그런 사람은 극소수이다. 그렇게 행동하면 누가 이 세상에서 살 수 있겠는가!"라고 묻는다면 저는 다음과 같이 대답할 것입니다. "구원받는 이는 소수이고 생명으로 인도하는 문은 좁으며, 그 문을 찾는 이가 적다는 사실은 오늘날 새로운 말씀이 아니다"(마 7:14). 아무도 그렇게 행동하지 않는다면 가난한 자, 미숙한 자, 고아들이 하나님의 백성이라고 설교하는 성서는 어떻게 되겠습니까? 이들은 자기 손해와 곤란함보다도 자기에게 불의를 행하는 자들의 죄 때문에 더 괴로워할 것입니다. 그리고 가해진 불의에 원수 갚기보다는 다른 사람들을 죄로부터 돌이키기 위해 더욱 노력할 것입니다. 그들은 의의 형체를 벗고 이러한 사람들의 형체를 취하여 박해자들을 위해 기도하며 저주하는 자들을 축복합니다. 또한 해를 가한 자들에게 선을 행하며 자기 원수들을 위해 스스로 벌을 감당하고, 그들이 구원받도록 값을 치를 준비가 되어 있습니다(마 5:44; 참조. 눅 6:27~28). 이것이 복음이고, 그리스도의 예시요 모범입니다(눅 23:34).

## 악인의 개선을 추구하는 자

세 번째 부류의 사람은 성향상 방금 말한 두 번째 부류의 사람과 같으나 실행에 있어서는 다른 자들입니다. 이들은 자기의 것을 구하거나 악인의 처벌을 원치 않습니다. 단지 이런 처벌과 자기 소유물의 반환을 통해 훔치고 모욕을 준 자들의 개선을 촉구합니다. 이들은 그런 자들이 처벌 없이는 개선될 수 없다고 생각합니다. 이 사람들은 열광주의자[71]로 불리며 성서에서 칭찬을 받기도 합니다. 그러나 이러한 일은 이미 언급된 두 번째 부류 가운데 완전한 자들, 그리고 다음과 같이 훈련된 자들만이 추구해야 합니다. 즉 분노를 열성으로 잘못 간주하지 않고, 분노와 무관용으로 행한 것을 의에 대한 애착으로 행한 것으로 오해하지 않는 자들이어야 합니다. 왜냐하면 분노는 열성과 비슷하고 의에 대한 애착은 무관용과 비슷하여 매우 영적인 자들만이 이것을 구별할 수 있기 때문입니다. 그리스도께서 요한복음 2장 14-17절에서 채찍으로 장사꾼과 환전상들을 성전에서 몰아내셨을 때 바로 이런 일을 행하신 것입니다. 또는 바울이 "내가 매를 갖고 너희에게 나아가랴"(고전 4:21)고 물었을 때도 이와 같이 구분하여 행하려 한 것입니다.

---

71  열심당원(zealots)은 일반적으로 과격한 민족주의로 로마에 대항했던 유대인 열심당원을 의미하지만, 여기서는 그리스도인의 의 대신에 법적인 정의를 열광적으로 추구하는 자들을 뜻한다.

## 설교 해설

1519년에 출판된 설교문 "두 종류의 의에 관한 설교"는 루터가 빌립보서 2장 5절 이하를 본문으로 행한 것이다. 이 설교는 1519년 (1518년 말) 행한 것으로 간주 되지만 1518년 종려주일(3월 28일)에 선포된 것으로 보기도 한다.

이 설교의 첫 부분은 그리스도의 의라는 낯선 의와 그리스도인 자신의 의, 이렇게 두 종류의 그리스도인 의를 다루는데 여기서는 삭제하였다. 여기서 다룬 설교의 두 번째 부분은 그리스도인의 모범이 되시는 그리스도의 마음에 관하여 설교한다.

루터는 그리스도가 하나님의 형체이나 하나님과 동등됨을 취할 것으로 여기지 않으시고 종의 형체를 가지셨다는 의미를 자세히 분석하면서 그리스도인도 그리스도의 모범을 좇아 사랑으로 서로 종노릇 해야 한다고 강조한다.

마지막 부분에서는 의로운 행동을 함에 있어 사람을 공적인 사람과 개인(사적인 사람) 두 부류로 구분하며, 행동에 있어 각각 다른 법칙이 이들에게 적용된다는 사실에 주의를 기울이게 한다.

공적인 직무를 가진 사람은 자신의 권력을 공공의 이익과 선을 보호하고 악을 처벌하기 위해 사용해야 하는 반면, 개인으로서의 그리스도인은 이웃과의 화평을 위해 자신의 권리를 관철하는 것을 포기해야 한다. 이 설교는 사랑이라는 그리스도인의 핵심 윤리를 선포하고 있다.

## 루터 설교 8

# 감사와 배은망덕

**성서 본문: 누가복음 17장 11-19절**

여러분이 우리 주 하나님을 위해 참되고 선하게 애쓰는 자가 되고 어리석은 짐승 같은 존재가 되지 않도록 복음에 귀를 기울이시기 바랍니다.

### 믿음에 관하여

여러분은 오늘 말씀 마지막 부분에서 믿음에 대해 들었습니다. 주님은 열 명의 문둥병자가 건강하게 된 것은 예수님 자신 때문이 아니라 그들의 믿음 때문이라고 하셨습니다. "내가 너를 도왔다"고 말씀하신 것이 아니라 "네 믿음이 너를 도왔다"고 하십니다. 이 말씀을 통해 주님은 우리 역시 담대하게 믿고 우리가 믿은 것 또한 얻게 될 것을 확신하도록 인도하십니다. 우리가 죄의 용서와 영원한 생명을 가질 것을 믿는다면 우리는 이미 그것을 가지고 있는 것입니다. 하나님께서 은혜로우시다는 것을 믿는다면 하나님은 우리에게 은혜로운 분이십니다. 모든 것의 관건은 하나님이 아니라 우리 믿음에 달려 있습니다. 어떤 일이 일어나지 않는 것은 하나님의 능력이 부족해서가 아니라 우리의 불신앙 때문임을 깨우쳐 주고 계십니다.

오늘 본문에서 배워야 할 첫 번째 사실은 우리가 믿은 것은 또한 실재한다는 것입니다. 믿지 않는 자는 자신이 무엇인가를 얻으리라고 결코 생각하지 않습니다. 이런 경우에는 어떤 역사도 일어나지 않습니다. 그러므로 여러분께서 하나님과 함께 행하기를 원한다면 야고보가 말한 것처럼(약 1:6) 흔들려서는 안 됩니다. '하나님이 그것을 주실지, 혹 내가 그것을 받을 만한 가치가 있을지?'라고 생각해서는 결코 안 됩니다. 오히려 "하나님이 지금은 아니라고 해도 그의 때가 되면 그가 그것을 행하실 것임을 압니다"라고 말해야 합니다.

확신하지 못하고 믿지 못하는 오락가락하는 마음으로는 어떤 것도 얻지 못합니다. 우리 주 하나님은 이런 자에게 어떤 것도 주실 수 없습니다. 이런 마음은 이리저리 움직이는 그릇과 같고 손으로 받치고 있는 모자를 끊임없이 흔드는 사람과 같습니다.

누군가 그에게 천 개의 금화를 넣어 주기를 원한다 할지라도 금화를 그에게 쏟아부을 수 없습니다. 우리가 포도주를 누군가의 병에 부으려면 "움직이지 마시오. 그렇지 않으면 나는 당신에게 붓거나 채워 줄 수 없습니다. 나는 내 포도주를 헛되이 쏟아붓기를 원치 않습니다"라고 말해야 할 것입니다. 만약 여러분의 믿음이 그렇게 흔들리지 않는다면 여러분이 열망하는 것과 갖고자 하는 것을 분명 갖게 될 것입니다. 믿음이 흔들린다는 것은 부어 주려는 사람 앞에서 병을 가지고 이리저리 마구 흔들어대는 것과 같은 것이기 때문입니다.

이것이 본문이 말하는 첫 번째 말씀입니다. 열 문둥병자가 부름 받았을 때 그들은 흔들리지 않고 자신들이 고침 받으리라는 사실을 결코 의심하지 않았습니다. 바로 그때 주님께서 행하셨습니다. 그러므로 우리가 첫 번째 배워야 할 것은, 건강이든 생명이든 하나님께 간청하는 모든 것에 대해 하나님께 확고한 믿음을 가져야 한다는 것입니다.

## 감사의 미덕에 관하여

두 번째, 주님은 우리에게 감사하는 자가 되어야 한다는 것을 가르치고 계십니다. 열 명이 고침 받았으나 오직 한 명만 고마움을 깨달았고 아홉은 감사를 잊었다는 사실은 참으로 끔찍한 일입니다. 우리 주 하나님은 사람이 하나님의 선하심에 감사하는 영예를 갖기 원하십니다. 감사하는 것은 결코 큰 노력이나 많은 수고가 필요하지 않습니다. 여러분이 하나님께 "하나님, 저에게 건강한 두 눈을 주셔서 감사합니다"라고 말하거나, 여러분의 부모님이나 지도자에게 '감사합니다'라고 말하는 것이 어렵고 힘든 일인가요? 자선을 풍성하게 베풀었음에 감사함을 고백한다고 발이 부러지지는 않습니다. 자선을 베푼 사람은 한 푼의 돈을 원하는 것이 아니라 여러분이 단지 '감사합니다'라고 말하는 것을 원합니다. 고침을 받은 열 명 중 한 명의 사마리아인만 바로 그렇게 감사했습니다. 그것이 우리 주 하나님과 사람을 기쁘게 하는 것입니다.

이교도들도 배은망덕을 최고의 악덕으로 여깁니다. 배은망덕은 부모와 자녀 사이에서 가장 많이 일어납니다. 부모들은 자신의 육체, 삶, 영예와 재산을 모두 바쳐 자녀들을 키웁니다. 그런데 부모들은 이로부터 무엇을 겪게 됩니까? 자녀들이 감사하는 경우는 얼마나 됩니까? 오히려 어떤 자녀는 부모가 죽기를 바랍니다. 이것이야말로 악마가 일으키는 슬픈 일입니다.

다른 여러 경우도 마찬가지입니다. 배은망덕은 수치스러운 악덕으로, 사람들이 흔히 말하듯이 인간의 모든 신의와 자비를 고갈시킵니다. 이것은 마치 우물이 바짝 마르게 되는 것과 같습니다. 사람들은 연약한 사람을 도와주었지만 그것에 대한 감사함을 받지 못하면 불쾌해집니다. 그러므로 그들은 "모든 것이 끝났소. 악마의 이름으로 떠나시오. 나는 더 이상 당신에게 아무것도 주고 싶지 않소"라고 말합니다. 이처럼 악덕이라는 것은 사람을 언짢게 만듭니다. 이런 일은 세상에서 흔하게 찾아볼 수 있습니다. 이런 가운데 그리스도는 경건한 그리스도인이 되기를 원하는 자라면, 모든 것을 주시며 우리의 육체와 삶을 보존하시는 하나님께 감사해야 한다고 가르치십니다.

또한 우리는 부모님과 이웃에게 감사해야 합니다. 우리에게 보여준 친절함과 도움에 대해 보답은 할 수 없을지라도, 그것을 깨닫고 인정하며 감사하는 것은 필요한 일입니다. 세상 사람들은 받은 은혜를 갚는 경우가 매우 드뭅니다. 심지어 감사하다는 말조차 하지 않습니다.

수도원에서 젊은 수도사들은 비록 펜 하나라도 상급자로부터 받게 되면 "주여! 선물을 주셔서 감사합니다"라고 말하도록 배웁니다. 젊은 수도사들은 무엇이든 하나님과 사람들에게 감사함으로 받는 것에 익숙하도록 가르침을 받습니다. 그들이 비록 항상 진심으로 감사하다고 말하지 않아도 시편(116:12 이하)에 기록되어 있는 것처럼 그들은 "여호와여! 내게 주신 모든 은혜를 무엇으로 보답할꼬. 내가 구원의 잔을 들고 여호와의 이름을 선포하리라"고 고백합니다. 그들은 "하나님께서 내게 좋은 것을 행하셨다"고 말합니다. 우리 주 하나님은 그런 감사함이면 충분하다고 말씀하십니다. 이러한 하나님께 인간들은 어떻게 합니까? 하나님과 그의 말씀을 박해하고 그의 아들을 십자가에서 죽게 하였습니다. 하나님께서는 우리에게 태양과 필요한 모든 것을 주시지만 우리는 이 사실에 감사하기는커녕 그분의 진리마저 짓밟고 저주합니다.

**배은망덕을 참는 미덕에 관하여**

세 번째, 우리는 감사하는 것을 배워야 할 뿐 아니라 그리스도가 깨끗함을 받은 아홉 명의 배은망덕을 불쾌해하지 않고 참으시며. 열 번째 사람이 감사한 것에 만족해하신 것을 배워야 합니다. 우리는 예수님의 훌륭한 모범에 따라 배은망덕에 대해서도 참을 줄 아는 미덕을 지녀야 합니다. 이 미덕은 하나님과 성인들(참된 그리스도인들)만이 소유하고 있습니다. 세상은 이것을 가지고 있지 않습니다. 헬라인 가운데 테미스토클레스(Themistokles)[72]나 다른 최고의 사람들도 배은망덕한 사람들에게 악으로 갚았습니다.

그러므로 그리스도인이 되려면 자신이 베푼 모든 친절함의 대가로 배은망덕을 경험하게 된다는 사실을 기억해야 합니다. 여러분은 최선을 다해 모든 것을 했는데도 그 대가로 모욕을 당할 수도 있습니다. 하지만 이것을 받아들이는 것은 기독교의 덕목이요, 믿음의 열매에 해당합니다. 친절을 베풀었지만 모욕을 받을 때 여러분은 "나는 이것을 참으며 배은망덕을 받아들이겠습니다"라고 말해야 합니다. 오늘 본문의 복음에서 보는 것처럼 그리스도가 그렇게 행하셨기 때문입니다.

하나님 아버지도 그렇게 행하십니다. 하나님은 악인과 선인들에게 태양을 비추십니다. 하나님은 "나는 여러 해 동안 태양을 비추도록 했다. 그러나 사람들은 그런 자비를 깨닫지 못하고 배은망덕하다. 나는 태양을 더 이상 비추기를 원치 않고 사람들을 죽도

---

[72] 기원전 525-460년에 살았던 아테네의 정치 지도자이다.

록 내버려두겠다"고 말씀하실 수도 있습니다. 그러나 하나님은 "아니다. 그들의 배은망덕에 화를 내서는 안 된다. 나는 점차 감사하는 자를 찾게 될 것이다"라고 말씀하십니다. 이처럼 그리스도인도 행해야 합니다. 사랑은 모든 것(고전 13:7), 심지어 배은망덕까지 참고 견뎌낼 수 있어야 합니다. 그런데 그리스도인들 가운데 이런 덕목을 가진 자들은 소수에 불과합니다. 저의 스승이신 쉬타우피츠(Staupitz, 1468-1524)가 기억납니다. 그는 재능 있는 젊은 수도사를 보면 박사나 석시기 되도록 이끌어 주었습니다. 그러면 그들이 쉬타우피츠에게 어떻게 감사했을까요? 제 스승은 오히려 "내가 그들을 높여 세웠을 때 그들은 오히려 나를 모욕했다. 하지만 그것 때문에 내 일을 중지하지는 않겠다"라고 말했습니다.

여러분이 이 세상에서 살 때 선한 일을 행하고 이웃을 도우십시오. 그 일에 대해 배은망덕을 경험해도 이상하게 생각하지 마십시오. '내가 이런 일을 했는데 무슨 보답이 이렇지!'라고 말하지 마십시오. 그가 여러분으로부터 달아나면 하나님이 그를 찾으시고 갚으십니다. 여러분은 다음과 같이 말씀하십시오.

그에게 행한 첫 번째 내 자비는 사라졌습니다. 또 다른 사람이 찾아왔을 때 그에게도 자비를 행했습니다. 그마저 달아나면 세 번째 사람을 찾겠습니다.

그리스도처럼 "아홉은 어디 있느냐?"라고 말하는 것을 배우십시오. 그리스도가 자신의 친절함으로 받은 것은 단지 배은망덕뿐이었습니다.

열 번째 사람은 와서 그 자비를 깨닫고 감사했습니다. 주님은 이것에 만족하셨습니다. 하지만 다른 이들에 대해 물으십니다. "아홉은 어디에 있느냐?". 그리스도는 이 말씀으로 그들의 바르지 못한 행동을 꾸짖지 않고 오히려 다음과 같이 말씀하신 것입니다.

잠깐만! 너희는 배은망덕하지만 나는 너희를 놓지 않을 것이다. 나는 너희를 도와주었는데 전혀 감사하지 않은 너희가 지금 어디에 머물고 있는지 물을 뿐이다.

그리스도는 모든 배은망덕한 자들에게 "왜 너는 태양의 고마움을 깨닫지 못하는가?"라고 질문하십니다. 그때 배은망덕이 얼마나 수치스러운 행위인지 밝혀지게 될 것입니다. 사람들이 배은망덕하는 것은 결코 놀라운 일이 아닙니다. 하나님께서 열 개의 나라를 주셔도 감사하는 사람은 하나도 없을 것입니다. 행복한 10년을 주신다고 해도 전혀 감사하지 않습니다. 열 번째 부분에서야 겨우 감사할 뿐 아홉 부분에 대한 감사한 마음은 전혀 없습니다. 하지만 열 번째 사람이 감사한다면 그것으로 충분합니다. 다른 이들은 자신의 대가를 받게 될 것이고, 그들은 그렇게 버림을 받게 될 것입니다.

그러므로 감사하는 것과 다른 사람의 배은망덕에 대해 참는 것을 배우십시오. 사마리아인을 모범으로 삼고 하나님과 사람들에게 감사하는 것을 그리스도로부터 배우시기 바랍니다. 그리고 여러분이 친절을 베풀었는데 그 대가가 여러분을 불쾌하게 한다 해도 그것을 내버려 두기 바랍니다. 사람의 마음은 단 한 사람을 통해서도 상하게 되어 다른 사람을 더 이상 돕지 않게 될 수 있습니다.

여러분은 그렇게 쉽게 실망하지 말고 열 번째 사람이라도 감사한다면 아홉 명의 속임을 감내하십시오. 그리스도 자신도 자신의 자비에 감사하는 사람을 발견하지 못하셨습니다. 여러분은 그보다 더 나은 것을 갖기를 원하십니까? 아홉 명까지 그렇게 하도록 내버려 두십시오. 당신은 그것으로부터 어떤 해도 받지 않을 것입니다. 그리스도 역시 어떤 해도 받지 않으셨습니다. 오히려 감사하지 않은 자들이 해를 받고 언젠가 그들의 삶은 불쌍한 거지처럼 불행해질 것입니다.

**복음의 세 가지 가르침**

그러므로 굳건한 믿음을 가지고 감사하는 자가 되시기 바랍니다. 또한 여러분이 선한 일을 행할 때는 배은망덕한 일도 당할 수 있음을 깨닫고 인내하십시오. 그리고 감사하지 않은 아홉 명에 여러분이 속해 있다는 것을 깨닫기 바랍니다. 이것이 오늘 본문의 복음으로부터 배워야 할 말씀입니다. 우리의 주 하나님께서 우리가 복음의 가르침을 간직하도록 은혜 주시기를 바랍니다.

## 설교 해설

이 설교는 1533년 9월 14일 주일에 누가복음 17장 11-19절을 본문으로 루터가 자신의 집에서 행한 것이다. 루터는 1533년 대부분의 설교를 건강의 이유로 집에서 했다. 루터는 1523년 이후로 자주 열 명의 문둥병자에 관하여(삼위일체 후 제14주 교회력 성구) 설교했다.[73]

이 말씀 본문은 1521년에 출간된 "열 문둥병자에 관한 복음 강해"에서 알레고리적으로 해석되었다.[74] 그러나 이후의 설교에서는

---

[73] 누가복음 17장 11-19절에 대한 설교는 모두 삼위일체 후 제14주에 행해졌다. 1523년 9월 6일, 1525년 9월 10일, 1526년 9월 2일, 1528년 9월 13일 오전 및 오후, 1529년 8월 29일, 1531년 9월 10일, 1533년 9월 14일, 1537년 이전(?), 1537년 9월 2일, 그리고 삼위일체 후 제14주에 설교했지만 정확한 날짜가 알려지지 않은 세 편의 설교가 더 있다.

[74] 루터는 "열 문둥병자에 관한 복음 강해"(WA 8,336-396)[에벨링(G. Ebeling)은 이 강해를 루터가 강해한 복음서 가운데 알레고리 해석 방법에서 가장 뛰어난 중요한 문서로 간주한다]에서 열 문둥병자에 대한 말씀을 고해성사 제도로 해석하는 중세 가톨릭교회의 해석과 논쟁을 벌인다. 중세 가톨릭교회 주장에 따르면 문둥병은 죄를, 열 명의 문둥병자는 모든 인간을, 제사장은 로마의 사제를, 제사장 앞에 보이는 것은 고해를 뜻한다.

루터는 이런 알레고리 해석에 대해 문둥병을 이단 또는 이교로 해석하는 다음과 같은 알레고리 해석으로 맞섰다. 이 이교의 주된 요소는 행위의 의다. 문둥병자들은 행위로 거룩하려고 하는 자들로 그리스도의 복음을 듣기는 하지만 그것으로부터 달아난다. 행위로 거룩해지려고 하기 때문이다. 이들은 자신의 생애에 관심을 기울이고 사랑보다는 두려움으로 가득한 율법의 강요 아래에 서 있다. 10이라는 숫자는 계명 아래에 서 있는 백성을 의미하고, 열 명의 문둥병자는 십계명을 뜻한다. 제사장은 로마서 8장 34절과 히브리서 9장 11절 이하에 따르면 그리스도의 모습이다. 가서 제사장에게 보이는 것은 '우리의 모든 것은 무익하고 오직 그리스도를 통해서만 복되게 된다는 고백과 믿음'을 의미한다. 아홉 명의 배은망덕한 이들은 마지막 시대에 있을 커다란 타락을 나타내고, 감사한 사마리아인은 그리스도를 확고

본 설교와 마찬가지로 알레고리적 해석이 거의 나타나지 않는다.

설교는 뚜렷한 삼중구조로 이루어져 있다. 첫째 부분에서는 믿음의 능력을 강조한다. 모든 일의 관건은 우리 믿음에 달려 있기에 하나님에 대한 확고하고 흔들리지 않는 믿음이 중요하다고 선포된다. 두 번째 부분은 감사한 한 명의 문둥병자를 예로 들어 감사의 미덕에 대해 다루고 있다. 세상에서는 감사하지 않는 것이 일반적이지만 참된 그리스도인은 먼저 하나님께 감사하고 사람들에게도 감사해야 한다고 강조한다. 세 번째 부분은 배은망덕을 참으신 그리스도를 예로 들어 그리스도인도 사람들의 배은망덕을 참고 인내해야 할 것을 가르치고 있다. 세상에서는 배은망덕이 선에 대한 보답이기 때문에 이 세상에 사는 그리스도인은 이러한 일에 불평하거나 실망하지 말고 오히려 감수할 것을 권면하고 있다.

---

하게 붙잡고 있는 '세상에 있는 가련한 소수의 무리'를 뜻한다. 참조. G. Ebeling, Evangelische Evangelienauslegung, 174-176, 180-183; W. von Loewenich, Luther als Ausleger der Synoptiker (München: Chr. Kaiser, 1954), 25-27.

## 루터 설교 9

# 이성적 기쁨, 성도의 기쁨

성서 본문: 빌립보서 4장 4-7절

이 서신서의 말씀이 이번 주일 본문으로 정해진 것은 "주께서 가까우시니라"(5절)고 말씀하시기 때문입니다.[75] 다시 말해 그리스도가 탄생한 날과 성육신의 축제일이 다가왔기 때문입니다. 교회 교부들이 이 축제일의 열매(축제일이 주는 유익)에 대해서도 설교했더라면 더욱 좋았을 것입니다.

### 진실하게 믿는 그리스도인에게 적용되는 서신

---

75 루터는 "주님이 가까우시다"(빌 4:5)라는 말씀을 그리스도 탄생의 기다림과 관련시켜 1535년, 1538년, 1545년 대강절 네 번째 주일에 설교했다. 그리고 최소한 두 번(1521년 이전, 1522년) 이상 더 설교되었을 것이다.

오늘의 말씀은 진실한 그리스도인들에게만 해당하는 매우 귀한 서신입니다. 이 말씀은 방종한 삶을 사는 사람들, 고리대금업을 하는 사람들, 비열한 짓을 행하는 자들, 다른 사람을 강압적으로 대하는 자들, 단지 자신이 원하는 것만 행하는 자들, 그리고 하나님께 아무것도 묻지 않는 자들에게는 해당하지 않습니다.[76] 예수 그리스도를 진실하게 믿는 그리스도인들에게는 다음과 같은 일들이 일어납니다. 그들은 그리스도의 대적인 사탄에 의해 영적인 시련을 받습니다. 사탄은 이 땅 위에서 그리스도를 십자가형에 처해 죽였습니다. 그리스도의 씨와 가문이 있는 것을 사탄은 참을 수 없기 때문입니다.

서신서는 도둑질하지 말라는 명령, 즉 이웃에게 선행을 하라고 명령하지 않습니다. 오히려 하나님 앞에서 그리고 사탄과 관련이 있는 자, 즉 영적인 시험을 받는 그리스도인들에 대해 말하고 있습니다. 이들에게 매우 필요한 일은 바울과 그리스도의 입을 통해 전해진 성경 말씀을 귀로 듣는 것입니다. 또한 마음으로 "기뻐하라!"(4절), "염려하지 말라!"(6절)를 외치는 것입니다. 이것은 쓸데없는 수다쟁이의 말이거나 마음속에서 공허하게 지껄인 것이 아

---

[76] 그 이유는 기쁨이란 믿음에서 나오는 믿음의 열매이기 때문이다. 죄인들에게 먼저 말해져야 할 것은 그들이 어떻게 죄에서 탈출하며 은혜로운 하나님을 만나게 되는지에 대한 것이다. 그러므로 루터는 이 서신이 참된 그리스도인들을 위해 쓰인 것임을 여러 번 강조했다.

니라, 그리스도인의 마음에 말해지는 성령님의 말씀입니다. 만일 성령님이 말씀하지 않는다면 사탄은 완전히 다른 노래, 곧 "너는 낙담하고 절망해야 한다. 하나님은 네 하나님이 되기를 원치 않으신다"고 그리스도인의 마음에 외칠 것입니다.

### 사탄이 행하는 일과 말씀이 주는 일

사탄은 절망하게 만드는 사나운 화살을 그리스도인들의 마음에 쏘아 그리스도인들의 두려움과 의심, 그리고 하나님에 대한 불만을 갖도록 만듭니다. 또한 이러한 생각을 자기에게 속한 사람들의 마음속에 집어넣을 뿐 아니라 하나님을 아직 충분히 알지 못한 자들의 마음속에도 넣어 줍니다.

> 요한이 와서 먹지도 않고 마시지도 아니하매 그들이 말하기를 "귀신이 들렸다" 하더니, 인자는 와서 먹고 마시매 말하기를 "보라, 먹기를 탐하고 포도주를 즐기는 사람이요 세리와 죄인의 친구로다"…(마 11:18-19).

이렇게 사탄은 그들의 마음속에 독이 있는 생각들을 집어넣어 하나님에 대해서 그들의 마음이 내키지 않게 하며 화나게 하고 불신하게 만듭니다.

이와 반대로 이 서신서에 나오는 성경 말씀은 "너희는 기뻐하는 자들임을 기억하라"고 위로합니다. 그리스도께서 제자들에게 "너희는 마음에 근심하지 말라. 하나님을 믿으니 또 나를 믿으라"(요 14:1)고 말씀하신 것과 같습니다. 이 말씀의 의도는 다음과 같은 배경과 관련됩니다.

내가 보니 너희 마음이 슬프게 될 것이며 너희가 우울하게 될 것이다. 너희는 다음과 같이 생각하게 될 것이다. "그리스도는 십자가에서 돌아가셨다. 그는 우리가 생각해 왔던 그런 분이 아니다. 그는 세상의 구원자가 되지 못할 것이다."

### 항상 기뻐하라

바울은 "항상 기뻐하라"(4절)고 말합니다. 그리스도인은 많은 귀중한 금화와 아름다운 아내 때문에 기뻐하는 것이 아닙니다. 그리스도인의 기쁨은 먹고 마시는 것과 세상이 주는 쾌락, 기쁨과는 완전히 달라야 합니다. 그리스도인들이 부와 명예, 그리고 쾌락을 갖는다고 해도 사탄은 그들의 마음을 흔들어 이런 것들에 대한 기쁨(만족)을 빼앗아 갈 수 있기 때문입니다. 그러므로 여러분은 항상 기뻐하는 일에 익숙해야 하며 특히 '주 안에서' 기뻐하도록 해야 합니다.

바울은 그리스도인들에게 웃음과 기쁨이 항상 함께 하는 것은 아니라고 고백합니다. 주님께서도 이것을 요한복음 16장 20절에서 보여주셨습니다. "세상은 기뻐할 것이다. 그러나 너희는 곡하고 애통할 것이다"라고 말씀하십니다. 사람들은 성 바울에게 분명히 다음과 같이 물을 수 있습니다. "왜 당신은 스스로 항상 기뻐하지 않습니까?" 사실 바울은 "약하고 두려워하며 심히 떨었다"(고전 2:3), 또한 "밖으로는 다툼이요, 안으로는 두려움이라"(고후 7:5)고 고백합니다. 이처럼 바울은 슬픔과 우울, 그리고 십자가로 인하여 고함을 지릅니다. 그럼에도 그리스도인에게 "기뻐하라"고 말하였습니다.

철학자들은 "어떤 한 사람이 상반되게 행동하는 것은 불가능한 일이다"라고 말합니다. 아내가 흑사병으로 죽을 때 남편이 유쾌하게 웃는다면 이것은 상식적인 행동이 아닙니다. 사람이 춤출 때 웃는 것은 당연하고 좋은 일입니다. 그러나 당신이 창피한 일을 당할 때 한번 웃어 보십시오! 그리스도는 "누구든지 나를 따라오려거든 자기를 부인하고 자기 십자가를 지고 나를 따를 것이니라"(마 16:24)고 말씀하십니다. 그럼 어떻게 그리스도인들은 흑사병 또는 전쟁 중에서도 슬프지만 기뻐할 수 있는 것입니까? 인간의 이성으로는 이러한 사실을 이해할 수 없습니다. "그들은 공상에 잠긴 것이다"라고 말하는 철학자들 역시 이 사실을 이해하지 못합니다.

## 그리스도인의 기쁨

그리스도인들은 눈에 눈물이 가득하고 마음이 두려움과 슬픔으로 가득 차 있어도 기뻐할 수 있습니다. 그리스도 역시 "나는 마음이 온유하고 겸손하니 나의 멍에를 메고 내게 배우라. 그리하면 너희 마음이 쉼을 얻으리니 이는 내 멍에는 쉽고 내 짐은 가벼움이라"(마 11:29-30)고 말씀하십니다. 짐을 메는 것과 짐이 가벼워야 한다는 것, 이 두 가지가 어떻게 서로 함께할 수 있습니까? 기쁨과 슬픔은 하나임을 기억하시기 바랍니다. 하지만 이것은 '주 안에서' 이루어져야 합니다. 주 안에서가 아니라면 기쁨은 없습니다. 사탄은 당신이 갖고 있는 좋은 재능들을 번민으로 만들어 버릴 수 있습니다. 사탄은 마음이 기뻐하고 희열을 느끼게 하는 씨를 열매로부터 빼앗을 수 있습니다. 주안에서가 아니면 기쁨과 슬픔은 하나일 수 없습니다.

우리 마음은 우리가 하나님의 나라에 속해 있다는 사실에 기뻐해야 합니다. 그래서 바울은 다음과 같이 덧붙여 말합니다. "아무 것도 염려하지 말고 다만 모든 일에 기도와 간구로 너희 구할 것을 감사함으로 하나님께 아뢰라"(빌 4:6). 그런 뒤에 "그리하면 모든 지각에 뛰어난 하나님의 평강이 그리스도 예수 안에서 너희 마음과 생각을 지키시리라"(빌 4:7)고 말합니다. 이것은 모든 이성과 인간의 지혜로 헤아릴 수 없는 높은 차원에 속하는 내용입니다.

### 이성의 기쁨과 그리스도인의 기쁨

당신은 다음과 같은 상황에 부닥칠 수 있습니다. "나는 거지가 될 수 있고 흑사병에 걸릴 수도 있다". 그때 당신은 이성을 좇아 다음과 같은 생각이 들 것입니다. "하나님은 나를 원하시지 않는구나. 나는 교회에 속해 있시 않구나! 왜 다른 사람들은 기뻐하지? 하나님께서 분명 그들에게 넉넉히 주셔서 그들은 남을 만큼 풍족한 가운데 살고 있기 때문이겠지." 하지만 바울은 다음과 같이 말합니다.

당신이 평안을 갖고자 원하면 이성을 넘어서야 합니다. 하나님의 평안은 그것을 넘어서기 때문입니다.

그때 저는 그리스도, 곧 나를 위해 죽으시고 나의 세례 근거가 되시는 그리스도를 붙잡습니다. 저는 그분을 믿습니다. 그분에게 일어나는 일이 저에게도 일어납니다. 어거스틴은 "나는 곤경에 빠지지만 죽지는 않을 것입니다. 왜냐하면 주님의 상처를 기억할 것이기 때문입니다"라고 말했습니다.[77]

이성은 "당신에게 졌다"라고 말하지만 저는 주님의 상처를 회상할 것입니다. 이 말은 이성이나 내 생각에 따른 기쁨 또는 내가 가진 돈에 대한 기쁨이 곧 나를 기쁘게 하는 것이 아니라는 뜻입니다. 그리스도인의 기쁨은 아름다운 여인이나 권력으로 인한 기쁨이 아니라 '주 안에서' 오는 것입니다. 주님이 우리를 사랑하지 않으신다면 우리를 위해 자신의 피를 흘리지 않으셨을 것이며, 세례를 통해 우리를 복음과 교회로 부르지도 않으셨을 것입니다. 이유도 없는 사랑으로부터 온 이러한 기쁨은 이성이 이해할 수 없는 훨씬 높은 차원의 것입니다.

오, 사랑하는 그리스도인들이여! 여러분은 사탄의 대적자의 왕국인 하나님 나라로 옮겨진 자들입니다. 사탄은 주님만큼이나 여

---

[77] 이 구절은 루터의 작품 『수도사 서약에 대한 판단』(De votis monasticis iudicium)에도 나온다. 루터는 이 구절이 어거스틴의 것이라고 확신했다. 하지만 이것은 당시 자료에 근거한 것으로, 사실은 성 버나드의 구절이다(『아가서 설교』 61,3)..

러분을 싫어합니다. 여러분은 세례와 말씀을 통해 확실하게 도장이 찍혀 있습니다. 그분의 소유, 그분의 것입니다. 여러분은 이 사실에 근거해 행동하기 바랍니다.

이 설교는 그리스도인들에게만 해당하는 것입니다. 폭군 밑에 사는 사람들과, 사탄의 괴롭힘을 당하는 이들은 이것을 육체적으로 경험합니다. 사탄은 이들에게 흑사병, 전쟁 등과 같은 소름 끼치는 일들을 일으킵니다. 하지만 빙탕한 삶을 사는 사람들은 오히려 사탄의 간계나 속임을 경험하지 않습니다. 강도나 도둑들은 하나님의 심판을 전혀 염려하지 않습니다. 몇몇 사람들은 아주 극악무도하여 하나님의 진노를 전혀 느끼지 못합니다. 이에 비해 그리스도인은 분명 낙담하고 두려움으로 움찔합니다. 누가 이런 일을 합니까? 바로 사탄입니다.

그러나 여러분은 마음의 번민 속에서도 기쁨을 유지할 수 있는 사람이어야 하며 또 그런 기술을 배워야 합니다. "우리는 시련을 자랑합니다(우리가 환난 중에도 즐거워하나니)"라고 말하는 로마서 5장 3절의 말씀처럼 말입니다. 여러분은 이것을 어떻게 배우려 합니까? 결코 여러분의 이성이나 오감에 묻지 마십시오. 그렇게 하면 여러분은 파멸할 것이며 바람 앞의 얇은 종이보다도 더 슬픔을 견딜 수 없을 것입니다. 여러분은 사탄이 마음에 던지는 슬픔에 직면했을 때 다음 사실을 생각하시기 바랍니다.

나는 그리스도를 믿는다. 나는 그의 이름으로 세례를 받았다!

비록 이성적으로 떨리고 두려운 상황이 온다고 해도 당황하지 마시기 바랍니다.

## 설교 해설

이 설교는 루터가 1538년 12월 22일 대강절 네 번째 주일에 선포한 것이다. 루터는 빌립보서 4장 4-7절을 강해하면서 그리스도인들의 기쁨에 관해 설교했다.

그리스도인은 눈이 눈물로 가득 차고 마음이 두려움과 슬픔으로 가득 찰지라도 기뻐하는 사람이어야 한다. 고난과 영적 시련 가운데서도 그리스도의 상처를 생각하며 인간의 이성으로 이해할 수 없는 더 높은 차원의 기쁨을 붙잡아야 한다. 그리스도인은 "나는 그리스도를 믿고 세례받았으며 세례를 통하여 복음과 교회로 부름을 받았다"는 사실을 기억해야 한다. 그리고 고난과 마음의 괴로움 가운데서도 기쁨을 누릴 수 있는 값진 기술을 터득해야만 한다. 이성적으로 두렵고 걱정된다고 할지라도 당황하거나 낙담하지 말라고 루터는 권면한다.

# III
# 그리스도인의 본질

1546년 루터의 신약성서 표지그림

## 루터 설교 10

## 그리스도와 그리스도인

성서 본문: 요한복음 20장 11-18절

우리는 이번 주일 복음서 말씀을 들었습니다.[78]

오늘 본문 말씀을 전하기 전에 먼저 배경이 되는 이야기를 다루려 합니다. 요한은 막달라 마리아가 어떻게 무덤 곁에 머물러 주님을 보았는지, 또 주님이 어떻게 그녀로 하여금 자신의 목소리를 듣게 하였는지 서술합니다. 그녀를 마리아라고 부르기 전까지는 그녀가 주님을 동산지기로 여기는 상황 또한 서술합니다. 그 후에 그녀는 깨닫고 주님 앞에 엎드려 평상시 하듯이 주님의 발을 만지려 했습니다. 그때 그리스도는 다음과 같이 말씀하며 만류하십니다.

---

78 추측컨대 부활절 후 월요일의 교회력 누가복음 24장 13-35절을 의미하는 것으로 보인다.

"나를 붙들지 말라"(요 20:17). 이 말씀에 대하여 오늘 설교하려고 합니다.

## 동화로 여겨진 그리스도의 부활

여러분은 어제와 오늘 설교에서 그리스도의 부활에 관한 역사가 오직 말씀을 통해 알려졌음을 들었습니다. 천사들은 여인들에게 그리스도의 부활을 알렸고 여인들은 이것을 사도들에게 알렸습니다. 그렇지만 이 말씀도 믿음이 없다면 헛된 설교가 됩니다. 여인들은 이 사실을 믿었지만, 사도들은 그 소식을 동화로 받아들였습니다. 그리스도 스스로 자신을 보여주며 부활의 말씀을 듣도록 하지 않으셨다면 그리스도의 부활 사건은 오늘날까지도 꾸며진 이야기로 남아 있을 것입니다.

그리스도는 막달라 마리아, 여인들 그리고 베드로에게 나타나셨습니다. 하지만 그리스도를 만나보지 못한 도마에게 그리스도의 부활은 아직 꾸며진 이야기일 뿐이었습니다. 그래서 그는 다음과 같이 말합니다.

내가 그의 손의 못 자국을 보며 내 손가락을 그 못 자국에 넣으며 내 손을 그 옆구리에 넣어 보지 않고는 믿지 아니하겠노라(요 20:25).

**말씀대로 행하시는 그리스도**

우리가 아무리 다른 모든 교리를 인정할지라도 그리스도의 부활에 관한 가르침 전체가 우리 마음에 들어오지 않으면, 복음은 온전히 서지 못할 것입니다. 이 가르침은 단지 말해진 것만이 아니라 가르친 말씀대로 이루어졌습니다. 주님의 나타나심은 그리스도인들을 제외하고는 누구에게도 도움이 되지 않았습니다. 복음은 설교되었고 일부만이 그 복음을 믿었습니다. 이에 더하여 그리스도는 사도들에게 스스로 나타나 그들이 보도록 하셨습니다. 복음에는 영적인 시련도 포함되어 있습니다. 즉, 복음은 곤경과 함께하며 사탄의 방해를 받습니다. 그렇지만 본문에 나타난 것처럼 위로도 함께 합니다.

그리스도의 부활은 천사들과 여인들에 의해 선포되었고 이것은 결코 헛되이 머무르지 않았습니다. 왜냐하면 주님 스스로 말씀대로 나타나셨기 때문입니다. 그리고 곧이어 성령이 오셨습니다.

이것은 복음이 단지 문자나 구술(口述)에 불과하다고 여기는

열광주의자들에 대한 우리의 자랑입니다.[79]

물론 천사와 여인들이 전한 말씀이 구술로 이루어졌지만, 그 말씀에 뒤따라 주님 자신이 막달라 마리아, 제자들, 베드로, 다른 여인들에게 나타나셨습니다. 말씀이 선포되는 곳에 주님은 멀리 떨어져 계신 것이 아니라 오늘의 복음서처럼 곧바로 오십니다(눅 24:13-35). 제자들이 부활하신 주님에 관해 말하기 시작할 때 주님은 멀리 계시지 않았습니다. 말씀이 아무 열매 없이 말해진 적은 없습니다. 말씀이 하고자 하는 것을 누군가 아무리 막고 방해해도 말입니다.

그러므로 우리는 모두 즐겨 복음을 들어야 합니다. 복음의 열매는 절대 헛되지 않기 때문입니다. 막달라 마리아와 여인들, 그리고 제자들은 말씀을 가지고 있었지만 의심했습니다. 그런데도 주님은 그런 그들에게 나타나셨습니다. 여러분은 우리로부터 말씀을 빼앗아 가는 무덤 문지기와 열광주의자들에게 속하지 않도록 주의하십시오. 당신이 보잘것없어 보이는 말씀이라도 매달리기만 하면, 당신이 어떤 존재이든 상관없이 그 말씀은 열매를 맺지 않을 수 없으며, 그리스도께서 막달라 마리아에게 나타나신 것처럼 당신에

---

79 댄크(Hans Denck) 같은 영성주의자들은 성령이 외적인 말씀을 뛰어넘어 역사한다고 생각했고, 칼슈타트(Andreas Bodenstein von Karlstadt)는 성령의 직접적인 중재의 권위를 옹호해 성경의 문자를 경시했다.

게도 나타나실 것입니다. 우리가 말씀을 잃어버리지 않는다면 더 이상 약한 존재가 아니라 매우 강한 존재가 됩니다. 예수님의 부활 사건이 보여주려는 것은 말씀을 들은 막달라 마리아는 연약하지만 그녀에게는 말씀이 있었고, 이 말씀 때문에 그리스도가 그녀에게 나타나셨다는 사실입니다.

**나를 붙들지 말라**

이제는 "나를 붙들지 말라"고 말씀하시는 참된 설교자에게 귀 기울여 봅시다. 설교를 듣기 원하는 사람은 이 말씀에 귀 기울이시기 바랍니다. 저는 아직도 다음의 말씀을 완전하게 이해할 수 없습니다.

"나를 붙들지 말라. 내가 아직 아버지께로 올라가지 아니하였노라. 너는 내 형제들에게 가서 이르되 내가 내 아버지, 곧 너희 아버지 내 하나님, 곧 너희 하나님께로 올라간다 하라."(요 20:17)

어떤 사람은 이 말씀을 다음과 같이 해석합니다. 그리스도가 자신을 만지지 못하게 하신 것은 막달라 마리아가 아직도 그리스

도의 부활을 믿지 않았기 때문이라는 것입니다.[80]

막달라 마리아는 그리스도께서 이전의 삶으로 되돌아와 자신들과 함께 하실 것으로 생각했습니다. 그러나 그리스도는 다음과 같이 말씀합니다.

친구들이 하듯이 지금 나를 만져서는 안 된다. 나는 네 향유(香油)가 필요하지 않다(참조. 눅 7:36-50; 8:2).

그리스도는 이 말씀으로 세상의 모든 것과 작별합니다. 그리스도는 이사야 선지자가 말하는 것처럼(사 53:8) 살아 있는 자의 땅에서 끊어집니다. 그리스도는 이 세상과 선을 긋습니다. 그분은 우리와 확실하게 구분됩니다. "혼동하지 마라. 나를 붙들지 말라"는 본문 말씀은 제가 오늘 이미 말씀드린 것을 위해 필요합니다.

너는 아직 율법과 죄 아래에 있기 때문이다. 나는 너를 좋아하지 않는다. 나는 너를 참을 수 없다.

이것은 심오한 설교 말씀입니다. 그리스도와 세상 사람 사이에

---

80 이런 의견을 가진 신학자 중에 크리소스톰(John Chrysostom)과 어거스틴이 있다.

는 뚜렷한 구별이 있습니다. 이 둘은 전혀 어울리지 않으며 서로 짝을 이룰 수 없습니다.

**나는 아직 내 아버지께로 올라가지 않았다**

그런데 다른 여인들이 온 이후에 그리스도는 자신을 만지도록 허락하십니다. 기독교인의 삶은 부모에게 순종하는 것에 달려 있지 않습니다. 부모에게 순종하는 일은 이 땅 위에 속한 것입니다. 이것은 하늘을 감동하게 하는 것이 아니라 여기 땅에 속한 자들에게 감동을 줍니다. 그러나 우리는 그 일을 해야 하고 그리스도께서도 명하십니다. 그런데도 그리스도는 다음과 같이 말합니다.

그것은 내게는 상관이 없다. 나는 이보다 큰일을 해야 한다.

그 이유가 무엇일까요? "나는 아직 내 아버지에게로 올라가지 않았기 때문이다". 요한이 이 말씀을 첨가하는 것은 그리스도가 자신을 만지도록 허락하지 않는 이유에 대한 여러 해석이 나오지 못하게 하기 위함입니다. 그리스도는 "나를 붙들지 말라. 왜냐하면 나는 너를 위해 아직 올라가지 않았기 때문이다"라고 말씀하였습니다. 마리아는 이 땅 위의 것을 아직 완전하게 포기하거나 그리스도를 온전히 의지하지 않았습니다. 그런 마리아에게 그리스도는 자신의 부활을 나누어 주려고 하십니다. 그리스도는 막달라 마리아와 더불어 '나'라는 말을 사용하는데, 그리스도인에게 3인칭과 1인칭은 항상 동일합니다. 그리스도가 '나'라고 말씀하실 때 자신을 공인(公人)으로 인정하는 것입니다. 그리스도는 자신을 자신만을 위한 존재로 간주하지 않고 우리 죄를 담당하시는 하나님의 양으로 간주합니다. 그리스도는 철학자처럼 비유로 말씀하십니다. 그는 자신을 공인으로 만들고 사적인 사람으로 여기지 않았습니다. 그리스도가 '나'라고 말씀하실 때, 우리는 그가 우리에 관하여 말씀하는 것이며 이것은 우리에게 관련된 것임을 깨달아야 합니다.

### 붙들지 말라 – 내 형제들에게 가서 말하라

오늘 말씀에서 막달라 마리아를 포함한 육체 가운데 있는 모든 사람은 내쫓김을 당합니다. 그러나 그녀가 아직 거절된 것은 아닙니다. 아직 이 땅 위를 걸으며 해야 할 일이 있기 때문입니다. 그리스도는 마리아에게 다음과 같이 말씀하십니다.

너는 내 형제들에게 가서 말하라.

앞서 말한 것은 작별 인사로, 이것으로 그리스도는 자신이 그들과 아무 관련이 없음을 나타냅니다. 그러나 이제 그는 그들에게 모든 것을 주시고자 하며 "내 형제들에게 가서 말하라!"고 하십니다. 이 두 가지는 완전히 다른 사실입니다. 그는 자신을 만지지 못하게 하시면서 동시에 형제이고자 하십니다. 만일 우리가 형제라면 서로 만져야 할 뿐만 아니라 안아야 합니다.

이것은 이해하기 어려운 기이한 말씀입니다. 처음에 그리스도께서 "막달라 마리아야, 일어나라. 나는 너를 좋아하지 않는다"라고 하신 후에 그녀를 사랑스러운 자매라고 부르시기 때문입니다. 이것은 멋진 말씀입니다. 본문을 대문자로 강조하여 써넣으시기 바랍니다. 왜냐하면 바로 여기에 복음이 담겨 있기 때문입니다. "가서 내 형제들에게 말하라!"는 말씀이 얼마나 귀중한지 선부 말할 수 없을 정도입니다.

하지만 여기서 말한 내용을 다시 한번 주목하시기 바랍니다. 즉 그리스도께서 죽으시고 장사 지내셨으나 이제 죽은 자들 가운데서 부활하시고 이생의 삶으로부터 구분되어 형제와 자매가 없게 되었으며 누구도 인정하려고 하지 않으십니다. 이것은 분명하고 명백한 구분입니다.

나는 이 땅 위에 누구와도 관계가 없다.

그런 후에 그들을 다시 형제라고 인정하고 말씀하십니다. 여기에 세상적인 것과 하늘의 것이 함께 존재합니다. 그리스도인이고자 하는 자는 "그들은 내 형제들이다"라는 그리스도의 말씀을 배워야 합니다. 여러분이 이것을 잘 이해하도록 가장 큰 문자로 쓰시기 바랍니다.

### 그리스도의 형제

그러면 형제란 무엇입니까? 세상의 관례에 따르면 형제가 많은 집안에서는 한 명이 죽더라도 대부분의 형제들은 그렇게 낙담하지 않습니다. 왜냐하면 더 많은 유산을 받게 될 수 있기 때문입니다. 그들은 헛된 형제애를 추구합니다. 그러나 그리스도는 여기서 형제들과 자매들을 찾습니다. 제자들은 모두 도망갔고 이들은 자신이 그리스도를 부인했기 때문에 그리스도 집의 하인조차 될 자격이 없다고 생각했습니다(참조. 눅 15:19). 그들은 그리스도로부터 그 어떤 것도 기대할 수 없었습니다. 하지만 그리스도는 막달라 마리아에게 "내 형제들에게 가서 말하라"고 하셨습니다. 이 말씀을 전해 들은 그들은 얼마나 행복했겠습니까! 이 말씀이야말로 믿을 수만 있다면 30만 명의 죽은 자들을 땅속으로부터 벌떡 일어나게 할 것입니다. 말씀은 이미 주어져 있습니다. 오직 믿기만 하면 됩니다.

어떻게 이 일이 가능한 것일까요? 베드로는 그리스도를 부인했고 다른 제자들은 배반했습니다. 도대체 이런 자들이 어떻게 그런 자격을 얻게 되었나요? 그것은 부인(否認)과 타락을 통해서입니다. '형제'라는 말을 하인이나 문지기와 비교해 보시기 바랍니다. 만일 이들이 형제라면 이들은 그리스도와 같은 자리, 같은 권력, 같은 권리를 갖게 됩니다. 그리스도가 많은 형제 가운데 처음 태어난 자라는 사실만이 차이가 있을 뿐입니다. 이들은 유산을 물려받는 것에 있어서도 그리스도와 차이가 없습니다. 형제라면 당연한 일입니다. 그리스도가 우리의 형제라면 그는 이제 더 이상 우리의 주인도, 하인도, 적도 아닙니다.

성경에 "가서 내 형제들에게 말하라"는 말씀보다 더 강력한 것은 없습니다. 만약 프랑스나 영국의 왕이 "너는 내 형제가 될 것이다"라고 말하고 이 말이 진심이라면, 우리는 다음과 같이 생각할 수밖에 없습니다.

왕의 형제들에게 이루어진 일은 무엇이나 내게도 이루어진다. 왕이 앉고 먹고 자는 곳에서 나 또한 그렇게 한다.

그러나 여기에서 우리에게 부족한 것이 있다면 이 말씀을 하신 분이 누구인지를 아무도 생각하지 않는다는 사실입니다. 그 형제는 누구도 제대로 완전히 이해하기 힘든 주님이십니다.

그렇다면 그리스도는 어떤 존재입니까? 그것은 가장 큰 영광이 '내 형제들'이라는 말에 놓여 있다는 말씀에서 발견할 수 있습니다. 이것은 히브리서에서 "그러므로 형제라 부르시기를 부끄러워하지 아니하시고"(2:11)라고 말하는 바와 같습니다. 우리가 그리스도의 형제들이라면 그리스도와 똑같은 유산과 소유와 권리를 갖게 됩니다. 그러나 한 가지 예외적인 것이 있다면 우리가 그리스도의 인격과 본성과 다르다는 사실입니다. 우리는 그리스도 자신이 아닙니다. 하지만 우리는 그리스도와 동일한 소유와 권리를 갖고 있습니다. 이런 이유로 그는 '많은 형제 중에서 맏아들'(롬 8:29)이라고 불립니다. 그 뒤를 다른 모든 사람이 계속 따라갑니다. 이들은 비록 그리스도와 다른 본성을 갖고 있어도 동일한 소유를 갖게 됩니다. 우리는 본성으로 볼 때 하나님의 아들이 아니고 죄로부터 자유하게 된 자들입니다. 그의 본성 이외의 모든 것이 우리의 것입니다. 그렇지 않다면 이 성경 말씀은 거짓이 됩니다.

세상 사람들은 "아, 그가 내 형제가 아니었다면 얼마나 좋을까!"라고 말합니다. 사람은 누구나 자기 혼자 유산을 모두 갖기를 원하기 때문에 형제가 많으면 좋아하지 않습니다. 그가 자유하며 경건한 마음의 소유자라면 자신의 유산 일부분을 형제나 자매뿐 아니라 심지어 원수에게도 줄 수 있을 것입니다. 그러나 세상은 정반대로 오히려 형제들이 죽기를 원합니다. 그리스도가 형제들에게 생명을 허락해 준 것은 하나님이 베푸신 최고의 자비입니다. 만일 많은 유산을 갖고 있는 누군가가 "나는 너희를 형제로 받아들일 것이다. 너희는 나처럼 될 것이다"라고 말한다면, 이 사람은 사람들로부터 얼마나 높이 칭송을 받겠습니까! 바로 그리스도가 그렇게 말씀하신 것입니다.

가서 내 형제들에게 말하라! 나는 이 땅 위에서 너희와 구별되어 있다. 나는 너희와 다른 사람이다. 나는 더 이상 죽을 존재가 아니라 죽음과 죽음의 모든 권력의 주인이다. 하지만 가서 내 형제들에게 말하라!

'내 형제'라는 말에 담겨 있는 의미는 이렇습니다.

내가 갖고 있는 모든 권리를 내 인격과 본질을 제외하고는 그들 역시 가지게 될 것이다.

이 사실을 믿는 자는 자기 자신이 이제 죄와 죽음과 사탄의 주인임을 믿을 것입니다. 그리스도가 자신의 말씀을 믿는 자들을 형제로 받아들이기에 이들은 믿음을 통해 그리스도와 동일하게 율법과 죽음에 대한 권리를 갖습니다. 왜 그렇습니까? 그리스도가 '내 형제'라고 말했기 때문입니다. 이것이 '내 형제'라는 단어에 부여된 의미입니다. 그리스도인은 죄에 대해 대항하는 대담한 황제 같은 존재입니다. 히브리서는 이 사실을 다음과 같이 찬양합니다. "형제라 부르시기를 부끄러워하지 아니하시고"(히 2:11). 히브리서의 저자는 이 말씀에 기초를 두도록 주의 깊게 말씀하고 있습니다.[81]

### 그리스도와 그리스도의 형제

또한 그리스도가 "나를 붙들지 말라. 나는 아직 올라가지 않았다"라고 말씀하시며 이별하셨음을 주목하기 바랍니다. 요점은 그리스도가 다음을 말하려는 것입니다.

---

81 히브리서 2장 12-13절에서 저자는 시편 22편 22절과 이사야 8장 17-18절을 인용한다.

막달라 마리아야! 너는 아직 내 존재에 대해 바르게 알지 못하고 있다. 너는 아직 나를 율법 수여자로 간주한다. 너는 네 행위로 나를 붙잡으려고 한다. 그러나 나는 내 아버지, 너희 아버지께로 갈 것이다. 너희가 이 땅 위에서의 육적인 존재와 모든 의를 내 존재와 구별하는 것을 배우도록 하기 위함이다. 나는 다른 존재를 취하여 내 아버지에게로 갈 것이다.

여기서 그리스도는 자신이 어떤 소유와 유산, 그리고 권리를 갖고 있는시 묘사하고 계십니다. 다시 말해 "나는 올라간다", 즉 "나는 만물의 주인이다"라는 것입니다.

누구도 하나님 아버지나 나를 율법과 죄와 죽음, 그리고 사탄에게 복종시키지 못할 것이다. 왜냐하면 나는 아버지에게로 갈 것이기 때문이다.

아버지를 제압할 수 있는 자는 그리스도와 그의 형제들도 제압할 수 있습니다. 사탄으로 하여금 한번 그렇게 하도록 해보십시오! 그리스도가 아버지에게로 가신다면 아버지와 그리스도, 그리고 형제들은 하나가 될 것입니다. 이러한 언급을 통해 우리는 그리스도인이 이 세상의 것만을 아는 것이 아니라, 그보다 더 고귀한 것이 그리스도인에게 해당한다는 사실을 알게 됩니다. 그리스도가 아버지에게로, 또 형제들의 아버지에게로 간다고 말씀하신다면 형제들 모두 하늘나라에 있어야만 합니다. 왜냐하면 이들은 형제이기 때문입니다. 이 사실을 믿을 수 있는 자는 누구나 그리스도인입니다. 우리가 그리스도의 형제자매라는 사실을 믿을 수만 있다면 말입니다. 다만 우리는 그리스도를 만지지 않습니다. 그리스도께서 다음과 같이 말씀하시기 때문입니다.

나는 너희의 것을 원치 않는다. 너희는 내 것을 취하라. 너희는 나를 형제로 만들기를 원치 않는다. 그러나 나는 너를 내 형제와 자매로 만들 것이다. 너희는 내게 아무것도 주려고 하지 않는다. 그러나 나는 그렇지 않다.

이렇게 그리스도인은 마음속에서 세상과 율법, 그리고 사탄과 죽음보다 우월해야 합니다. 이것들이 그리스도인을 만지도록 해서는 안 됩니다. 만일 이것들이 그리스도인을 만진다면 그는 그리스도인이 아닙니다.

그리스도는 오히려 아버지께로 가십니다. 그는 만물의 주인이어서 어떤 것도 그를 억압하지 못합니다. 그는 우리의 형제입니다. 여기서 우리는 이것을 말씀하는 분이 누구이신지, 그런 후에 그가 무슨 재산을 가지고 계신지를 주목해야 합니다. 이 땅 위에서 선한 행위와 공로와 관련되는 모든 것들을 그리스도와 연관시켜서는 안 됩니다. 만일 그렇게 하면 우리는 형제로서의 그리스도를 잃게 됩니다. 당신은 이 기쁜 소식을 붙잡고 그의 소유와 권리들을 받아들여야 합니다. 골로새서 2장 9-15절에서 보면 바울은 이런 말씀을 해석하는 데 탁월한 선수라는 것을 알 수 있습니다. 하지만 아쉽게도 바울에게는 아직 부족한 말씀이 있습니다. '형제(자매)'라는 말의 의미가 무엇인지 다시 생각해 보기 바랍니다. 이것은 형제(가족)가 아닌 사람에게 주어집니다. 만일 그리스도인이 이것을 믿는다면 확언컨대 그는 기뻐하시지 않을 수 없습니다. 주님 스스로 말하고 명하신 말씀에는 부족함이 없습니다. 다만 우리의 믿음이 부족할 뿐입니다.

## 설교 해설

    이 설교는 1529년 3월 29일 부활절 후 월요일 오후에 행해진 것이다. 그리스도가 죄와 죽음, 그리고 사탄과 싸워 승리하신 것은 이 세상의 모든 것과는 완전히 다르다는 사실을 루터는 예수님이 막달라 마리아에게 "나를 붙들지 말라"(요 20:17)고 하신 말씀을 근거로 보여 준다. 마리아는 그리스도가 이제 이 세상의 삶으로 되돌아오셨다고 생각했다. 그러나 그리스도는 이것을 부정하며 이 세상과 구별됨을 보여 주셨다. 즉 그리스도는 세상과는 완전히 구별된 다른 존재이며 죽음의 모든 세력의 주인이 되신 것이다.

    '붙들지 말라'는 말씀을 근거로 루터는 그리스도인의 본질과 그리스도인의 삶을 설교한다. 가령 부모에게 순종하는 것은 좋은 일이지만, 이것은 이 세상에 속한 것이며 이것을 통해서는 하늘나라에 갈 수 없다. 세상에 속해 있는 마리아, 즉 아직도 율법과 죄 아래에 살던 막달라 마리아는 그리스도를 만져서는 안 되었다. 그리스도인은 아직 이 땅 위의 존재이기 때문이다.

    루터는 '붙들지 말라'고 말씀하신 그리스도가 바로 후에 "내 형제들에게 가서 …"라고 하신 명령에 주목하며 다시 그리스도인의 존재와 본질을 설명한다. 그리스도가 이 말씀으로 우리와 자신의 담을 허무셨다는 것이다. 그리스도인은 그리스도의 형제이다. 형제는 같은 유산과 권리를 갖기에 그리스도인은 그리스도와 동일하게 하늘에 속한 존재이며 천국의 시민권을 갖고 있다. 루터는 그리스도인들을 자신의 형제로 부르시는 그리스도의 말씀을 '놀라운 설교'라고 부르며 성경의 어느 말씀도 이보다 더 위대한 것은 없다고 말한다.

이러한 두 말씀에 대한 해석에서 그리스도인의 본질은 분명하게 드러난다. 그리스도인은 '하늘의 존재'(그리스도의 형제)일 뿐만 아니라 '이 땅 위의 존재'이다. 우선 그리스도인은 세상적인 존재이기에 그리스도와 구별되어야 한다. "나는 아버지에게로 올라간다"라는 그리스도의 말씀처럼 그리스도는 하늘의 존재이며 만물의 주인이시다. 그리스도와 그리스도인은 한 형제이지만 서로 섞여서는 안 되는 부분이 있다. 그리스도는 인간인 동시에 하나님이시기 때문이다. 다시 말해 그리스도는 본질적으로 하나님의 아들이지만, 그리스도인은 은혜로 하나님의 아들인 것이다. 다음으로 육적으로 그리스도인은 분명 세상에 속해 있으나 동시에 하늘의 존재요 그리스도의 형제다. 다시 말해 그리스도인은 영적으로 볼 때 하늘에 속해 있다.

루터는 그리스도인을 그리스도의 형제와 세상적인 존재 사이에서 긴장 관계 가운데 있는 존재로 보았다. 그리스도만이 그리스도인을 자신의 형제로 삼을 수 있다. 이것은 영적인 의이다. 그리스도인은 인간적인 것과 외적인 의로 그리스도를 만질 수 없다. 여기서 행위의 의는 철저히 배제된다.

다음으로 루터는 그리스도의 부활이 가져다준 유익과 열매, 그리고 그리스도의 형제가 누리는 축복에 대해 설교한다. 예수 그리스도가 부활하신 것은 자기 자신을 위해서가 아니라, 우리에게 하나님의 친절과 자비를 계시하고 부활의 열매를 값없이 주시기 위한 것이다. 그리스도의 부활 사역은 그리스도가 우리를 위해 죄와 죽음과 사탄과의 싸움에서 승리하신 일이다. 그러므로 우리는 그리스도의 부활을 우리의 것, 나와 당신의 것으로 간주해야 한다. 우리는 부활이 어떻게 일어났는지를 보아야 할 뿐만 아니라, 이 부활이 우리를 위해 일어난 사건임을 인정해야 한다. 그리스도가 그의 제자들에게 말한 '내 형제들에게 가서'(요 20:17)라는 말씀에는 부활의 열매가 담겨 있다. 그리스도는 형제인 우리에게 부활의 열매를 선물로 주시며 우리와 함께 모든 것을 공유하기를 원하신다. 따라서 부활 사역 전체는 우리에게 속한 것이다. 다시 말해 죄와 죽음, 그리고 사탄에 대한 그리스도의 이김은 우리의 것이다.

왜냐하면 성 금요일에 우리의 죄가 그리스도에게 놓여 있는 것처럼("너는 그리스도의 무덤을 바라보되, 내 죄와 내 죽음이 그리스도를 잡아 찢고 짓누른 것으로 간주해야 한다"), 그는 우리를 위해 죄와 죽음을 극복하셨고 그의 모든 삶은 우리에게 속해 있기 때문이다. 루터는 부활의 의미를 설명하기 위해 신랑과 신부의 모델을 인용한다. 신랑과 신부처럼 그리스도는 우리와 매우 친밀한 관계를 맺고 그리스도와 그리스도인 사이에 '즐거운 교환'이 일어난다. 그리스도는 우리에게 자신의 행적을 물려주시고 그 대신 우리의 죄를 가져가신다. 이것이 그리스도의 부활이 믿는 자에게 주시는 열매이다.

## 루터 설교 11

# 하나님의 거처인 그리스도인

성서 본문: 요한복음 14장 23-27절

어제 강해하기 시작한 복음에 대해 계속 설교하려고 합니다.[82] 여러분은 어제 "내 말씀을 지키는 자를 내 아버지가 사랑할 것이요 거처를 저와 함께 하리라"(요 14:23)는 그리스도의 말씀을 들었습니다. 이 요한복음의 말씀은 자주 설교되며 우리가 일 년 내내 듣는 말씀입니다.[83] 그럼에도 이 말씀에 대해 한 번 더 설교하려고 합니다. 이 말씀에 대해 너무나 잘 알고 있어 우리의 가르침이 더 이상 필요치 않다고 생각하면 그들은 사탄의 가르침에 빠진 자들

---

82  성령강림절 주일설교를 가리키며 설교 본문은 요한복음 14장 23-31절이다.
83  비텐베르크 시립교회에서는 토요일 오후 설교에 요한복음을 강해하였다. 루터는 1528년 6월부터 1529년 6월까지 담임목사인 부겐하겐을 대신하여 요한복음에 관해 설교하였다.

입니다.

우리는 이 말씀에 대해 전혀 알지 못하는 자들입니다. 이것은 바울이 "우리의 지식은 지극히 작은 부분이다"(고전 13:9)라고 말한 것과 같습니다. 저는 이런 자들에게 설교하려고 합니다.

**하나님은 믿는 자들을 거처로 삼으신다**

"우리는 그에게로 가서 그를 거처로 삼을 것이다"(요 14:23). 이 말씀은 믿는 자에게 큰 위로가 됩니다. 그리스도의 말씀을 지키는 자는 아버지의 사랑을 체험하고 죄를 용서받을 뿐만 아니라 하나님의 선물을 받게 됩니다. 그리스도인은 다음 두 가지를 소유하고 있습니다. 첫째는 죄를 사하는 하나님의 은혜요, 둘째는 그리스도인이 하나님의 거처가 되게 하는 성령의 선물입니다. 이 두 가지를 요한은 여기서 말하고 있습니다.

그리스도의 약속은 교황 아래에 있는 봉헌(奉獻) 주교와는 다릅니다.[84] 주님이 말씀하시는 성전 봉헌은 인간이 거룩해지고 하나님의 거룩한 거처가 되는 것입니다. 이 일은 성수를 뿌려 주는 종

---

[84] 봉헌 주교는 주재하는 주교를 돕는 자로서 대리 역할을 하는 자이다. 특히 교회 봉헌이나 견진성사 등을 수행한다.

려나무 잎과 향로, 그리고 초를 통해서가 아니라[85] 말로 다 표현할 수 없는 넘쳐나는 선물로써 가능합니다. 이것은 바울이 "너희가 하나님의 성전인 것과 하나님의 성령이 너희 안에 거하시는 것을 알지 못하느뇨!"(고전 3:16)라고 말한 것과 같습니다. 이 말씀은 너무나 놀라워 마치 진실이 아닌 것처럼 들릴 수도 있습니다. 하지만 이것은 바울 자신의 말이 아니라 하나님의 말씀입니다. 믿는 자는 성령이 거하시는 성전입니다. 성령이 거하시는 사람은 다른 생각과 마음을 품고 큰 용기를 얻습니다. 외적으로는 친절해지고 인내가 생기며 세상의 모든 것을 판단할 수 있는 지혜로 충만해집니다.

한 집안의 가장도 이와 같습니다. 가장은 하인들(가족)을 자신의 뜻과 생각, 그리고 약속에 따라 다스립니다. 하인은 가끔 태만할 수는 있어도 가장은 자신의 말로 가정을 꾸준히 다스려야 합니다. 이것은 우리에게도 동일하게 적용됩니다. 즉 우리의 사지(四肢)가 아무리 게을러도 우리 안에 있는 하나님의 거처는 여전히 존재합니다. 하나님께서는 보물을 연약해 보이는 말(설교)과 질그릇에 담기로 정하셨고(고후 4:7), 누구도 이 사실을 알아채지 못하도록 하였습니다. 오늘날 매우 훌륭한 사람들을 죽인 자들에게서

---

[85] 가톨릭의 예식에서 주교에 의해 교회를 봉헌할 때 중요한 것은 성수(聖水)에 잠긴 종려나무 잎을 뿌리고 향로에 향을 피우고 봉납(捧納) 초에 불을 붙이는 일 등이다.

그 증거를 확인할 수 있습니다.[86]

오늘 본문에서 우리가 그리스도의 예배당, 곧 교회 거처가 된다는 것은 말로 표현할 수 없는 귀한 말씀이며, 이성으로 이해할 수 없는 내용입니다. 우리는 이 사실을 받아들여야 하고 믿어야 합니다. 그리스도인이야말로 이 땅 위에서 가장 고귀한 보물이요 매우 값진 보석입니다.

하지만 이런 그리스도인을 찾기란 쉽지 않습니다. 그리스도인이 있는 곳에는 세상의 구원과 빛이 존재합니다. 그는 거짓의 영과 진리의 영을 구분할 수 있고, 그에게는 사탄과 세상을 지배하는 권력도 주어져 있습니다. 결국 그 자신이 하나님의 집일뿐만 아니라 자신의 행위로써 세상을 도울 수 있습니다. 하지만 세상은 이에 감사하지 않고 그리스도인을 박해하고 싫어합니다. 죄 사함을 설교하는 은혜의 말씀을 받아들이지 않는다면 예배당은 결코 세워지지 못할 것입니다. 믿는 자가 아버지의 사랑을 받게 되고 아버지의 거처가 됩니다. 그러면 그 어떤 것도 그에게 저항할 수 없습니다. 이것을 믿기는 쉽지 않습니다.

---

86  1527년에 개신교도였던 카이저(Leonhard Kaiser)와 빙클러(Georg Winkler)가 살해당했다.

## 그리스도의 말씀에서 하나님과 연합한다

다음 말씀은 "너희들이 들은 말씀은 내 말이 아니라 나를 보내신 아버지의 말씀이니라"(요 14:24)입니다. 이것은 사도 요한이 복음을 설교하고 쓰던 독특한 방식입니다. 이전에 그는 '내 말'이라고 말했으나 이젠 "이것은 내 말이 아니다"라고 말합니다. 그는 다른 곳에서도 동일하게 "교훈은 내 것이 아니다"라고 말합니다(참조. 요 7:16). 하지만 세상의 지혜는 "내 돈은 내 것이 아니다"라고 말하지 않습니다. 그리스도는 빌립에게 "나를 본 자는 아버지를 보았다"(요 14:9)라고 말씀하신 것처럼 우리가 그리스도 자신을 통해 아버지와 연합(아버지께로 올라가게)하도록 하십니다. 하지만 사탄은 이 일에 그의 특기인 속임수를 써서 사람들을 유혹합니다. 사탄은 사람이 하나님과 그리스도를 분리하도록 부추겨 그리스도의 신적 본성을 깨닫지 못하게 합니다. 그래서 양심이 하나님께만 매달리고 그리스도께는 의지하지 않도록 합니다. 사탄은 이런 유혹을 계속하지만 그것을 깨닫는 사람은 아주 드뭅니다. 사탄은 사람들이 그리스도를 단지 참 인간으로만 여기고 매달리는 것은 참을 수 있지만 그리스도를 하나님으로 인식하는 것은 원하지 않습니다.

사람들은 하나님 말씀에 대해 듣고 말합니다. 그러나 그리스도를 하나님으로 인식하지 않는다면 그 일은 실패한 것입니다. 열광주의자들은 영적인 시련에 대하여 우리보다 더 많이 말할 수 있습니다. 그러나 이들은 그리스도의 말씀이 하나님의 말씀이라고 확신하지 않습니다.

요한은 이것을 알아챘습니다. 그는 그리스도의 말씀이 곧 하나님의 말씀이라고 보며 두 말씀을 결합시켰습니다. 이 기술은 오늘날에 이르기까지 여전히 복음을 배우는 자들에게 속한 것입니다. 하지만 자칭 영리하다는 스승에게는[87] 해당되지 않습니다. 이 기술로 그리스도인은 하나님이 계시는 것을 느끼기보다 오직 말씀에만 매달리게 되고 그리스도와 동시에 하나님 아버지를 가리키는 말씀에 머무르게 됩니다.

이로써 그리스도는 "주여, 어찌하여 자기를 우리에게 나타내시고 세상에게 아니하려 하시나이까?"(요 14:22)라는 유다의 질문에 대답하셨습니다. 그리스도는 "너희들은 내가 누군지 알게 되고 은혜와 사랑의 말씀을 가지고 있음을 확신하게 된다"고 말씀하십니다. 이 말씀이 마음과 양심에 비쳐 우리는 하나님의 진노에 대한

---

[87] 원문의 'klugling'이라는 말은 오직 이성을 좇아감으로 스스로 영리하려는 자를 의미한다.

두려움에서 해방되고 그리스도를 통해 자비의 아버지만 알고 느끼게 됩니다. 이 사실을 아는 사람은 그리스도의 계시를 가지며 아버지를 깨닫게 됩니다. 이것은 오직 말씀에 대한 믿음 안에서 일어납니다. 우리는 본성상 우리 자신의 행위와 종교성(경건)에 의존하려는 경향을 짙게 보입니다. 이것은 사탄이 아담을 유혹했던 죄입니다. "너희는 하나님처럼 될 것이다"(창 3:5). 우리는 하나님처럼 되려고 했습니다. 그러나 계시는 그리스도에 관한 복음을 통하여 오직 믿음 안에서 이루어집니다.

### 평안을 약속하시는 그리스도

"평안을 너희에게 끼치노니 곧 나의 평안을 너희에게 주노라 내가 너희에게 주는 것은 세상이 주는 것 같지 아니하니라"(요 14:27). 이 말씀으로 그리스도는 제자들에게 작별 인사를 하십니다. 이것은 다음과 같은 뜻입니다.

너희가 내 말을 지키고 내 거처가 되며 나를 알고 내 말을 다른 사람에게 전하면, 너희는 세상이 주는 평안을 갖지 않게 될 것이다.

복음이란 은혜의 말씀이자 십자가와 진노의 말씀입니다. 하나님에 대해서는 은혜의 말씀이지만, 세상에 대해서는 십자가와 진노의 말씀입니다. 왜냐하면 복음은 하나님 앞에서는 은혜를 만들지만, 세상 앞에서는 소요와 진노를 일으켜 그 책임을 (바울에게 돌린 것처럼) 말씀에 돌리기 때문입니다. 그러나 이것은 말씀이 져야 할 책임이 아닙니다. 그리스도의 은혜를 받아들이려는 대신 자신의 행위를 통해 평안을 얻으려 하는 세상이 져야 할 책임입니다. 그러므로 그리스도는 다음과 같이 세상이 주는 평안이 아니라 자신의 평안을 약속하는 것입니다.

평안을 너희에게 끼치노니 곧 나의 평안을 너희에게 주노라. 내가 너희에게 주는 것은 세상이 주는 것 같지 아니하니라.

세상의 평안은 어떤 때 누리고 느낄 수 있습니까? 바로 재물을 숭배하여 소유하게 되고 세상의 의로 비난받지 않을 때 가능합니다. 이것이 세상이 원하는 평안입니다. 그러나 그리스도는 다음과 같이 말씀하십니다.

너희는 이런 평안을 가질 수 없고 대신에 은혜의 평안을 갖게 될 것이다. 세상 앞에서 너희는 진노 속에 있고 죽음에 대한 강요를 받는다. 그러나 너희는 내 앞에서 평안과 은혜 가운데 있다. 나는 너희에게 그러한 평안을 준다.

세상은 이런 평안을 알지 못합니다. 이런 평안은 말씀만큼이나 느끼기 어렵습니다. 이는 사탄이 방해하기 때문입니다.

**사탄은 그리스도의 평안을 빼앗으려 한다**

그리스도는 "너희는 마음에 근심도 말고 두려워하지도 말라"(요 14:27)는 말을 덧붙입니다. 이 말의 의미는 다음과 같습니다.

확실한 사실은 내가 나의 평안을 주었다고 할지라도, 사탄은 와서 외적인 평안을 빼앗을 것이고 내적인 평안도 빼앗아 가려 할 것이다. 그러나 놀라지 마라! 혹시 너희가 두려워하게 되면 이 두려움은 나로부터가 아니라 사탄에게서 온 것임을 알라! 왜냐하면 내가 온 것은 양심을 놀라게 하기 위해서가 아니라 양심에 평안을 주기 위해서이기 때문이다.

그러나 사탄은 광명의 천사로 가장하여 양심을 놀라게 합니다(고후 11:14). 사탄에게 속한 열광주의자들을 보십시오. 사탄은 이들을 통해 아무것도 이루지 못하면 사람들의 양심을 낙담하게 하고 겁을 먹게 합니다. 이럴 때 그리스도에게 귀를 기울이십시오! 그리스도는 이 일을 자신이 하는 것이 아니라 사탄이 하는 일이라고 말씀하십니다. 사탄은 이런 일의 달인입니다. 사탄은 사람 하나를 발견하면 그를 유혹하여 그리스도가 오늘날 교황주의자들과 열광주의자들처럼 말씀하셨다고 양심에 속삭입니다. 그는 자신의 음성이 마치 하나님의 음성인 양 속입니다. 사탄은 사탄의 모습으로 오지 않습니다. 사탄의 모습으로 온다면 어려움이 없을 것입니다. 그는 오히려 자신이 그리스도이고 성령이라고 말합니다. 이것을 분간할 수 없다면 우리는 질 수밖에 없습니다.

**성령은 성도들을 연합하게 한다**

내적인 평안이란 하나님에게서 오는 사랑과 자비를 기대하는 것입니다. 이것과 다르다면 그것은 사탄이 하는 일입니다. 제가 지금 단지 말로 이야기할 따름이지만, 성령이 제 입으로 전하는 말씀을 통해 보혜사(위로자)로 오셔서 그 말씀을 마음에 새기시고 그 말씀을 완전히 이루실 것입니다. 여기서 여러분은 성령이 하시는 일이 무엇인지를 보게 되는데, 바로 신앙고백(사도신경) 세 번째 항목이 이것을 말해 주고 있습니다.

성령을 믿사오며 거룩한 공회와 성도가 서로 교통하는 것과 죄를 사하여 주시는 것과 몸이 다시 사는 것과 영원히 사는 것을 믿사옵니다.

이것이 성령의 사역입니다. 이 고백을 주교들과 사제들이 배워야 했습니다. 그랬다면 이들은 성령이 어떤 일을 하는지 확실히 알았을 것입니다. 하지만 이들은 성령을 간수로 만들어 버렸습니다.[88] 모든 열광주의자들과 마찬가지로 신앙고백을 제대로 이해하지 못했습니다. 그들은 사도신경을 중얼거리지만 이것이 무엇을 의미하는지 바보만큼이나 알지 못합니다.

성령의 사역은 이것입니다. 기독교 교회를 세우고 죄 사함을 설교하며 죽은 자들로부터 몸을 살리고 영원한 생명을 주는 것입니다. 거룩한 기독교 교회란 무슨 뜻입니까? 이것은 거룩한 사람들과 죄사함, 몸의 부활과 말씀, 그리고 영생을 가진 사람들의 무리를 뜻합니다. 이 무리가 거룩한 것은 무엇 때문입니까? 긴 저고리와 수도복 때문이 아닙니다.[89]

사탄은 수도사의 삶이 거룩하게 한다고 주장하며 성령을 조롱하고 수도사들을 거룩하다고 속입니다. 허풍쟁이들도 이렇게 말할 수 있습니다. 그러나 거룩은 보다 높은 것이어야 합니다. 죄가 없는 거룩한 백성은 순전히 거룩하고 신성합니다. 혹시 뭔가 거룩하지 않은 것이 발견되더라도 이것을 마치 건강한 사람에게 있는 부

---

88 이들은 하나님께서 성령을 통하여 선물로 주시려는 것을 처벌로 위협하여 행위를 하도록 요구하는 것으로, 성령을 '몽학선생'(참조. 갈 3:24) 정도로 잘못 이해했다.
89 중세 가톨릭교회에서 수도원의 삶은 특별히 거룩한 신분으로 여겨졌다.

스름 정도로 여겨야 합니다. 이러한 거룩함은 수도사의 옷을 걸침 으로 오지 않습니다. 이것은 사람이 새롭게 되어 이전과 다른 이성 (생각)을 갖고 새로운 삶으로 살아가는 모습으로 오는 것입니다.

### 성령은 은혜에 도움이 되지만 율법에는 아니다

성령은 율법과 관련된 존재가 아닙니다. 성령은 사람을 거룩하게 하여 죽음과 죄, 그리고 모든 악에서 구원합니다. 주님은 복음을 통하여 순전히 호의적인 것들을 선포하시고, 성령은 이것을 실제로 수행하십니다. 저는 그리스도가 우리에게 어떤 옷을 입어야 한다고 가르치셨는지 묻고 싶습니다. 그리스도는 이러한 것들을 가르치지 않으셨습니다. 그는 믿는 자에게 죄 사함과 영생을 약속하셨습니다. 그러므로 그의 말씀은 은혜의 말씀입니다. 이처럼 성령의 말씀도 은혜의 말씀인 것입니다. 성령은 순전히 좋고 유익한 것들을 행하십니다. 성령은 양심을 속박하는 굴레가 되지 않습니다. 이런 사실로부터 공의회가 현재와 미래에 어떠해야 하는지 알 수 있습니다.[90]

첫 번째 공의회는 훌륭했습니다(행 15:1 이하). 그때 예루살렘에서 결정된 것을 보십시오. 율법이 폐지되고 그 율법이 더 이상 이

---

90 공의회는 가톨릭 교리의 발전에 절대적이었다.

방인에게 적용되지 않도록 하였습니다(행 15:24 이하). 이것이 첫 번째 공의회입니다. 다른 모든 공의회는 이런 통찰을 갖지도, 사용하지도 않았습니다. 이것은 시간이 지날수록 변질되었습니다. 공의회에서는 사제가 입어야 할 옷이 무엇인지 등에 대한 새로운 규정을 만들어 교회를 치장하였습니다. 이런 공의회를 첫 번째 공의회와 비교하면 그것은 마치 불과 물처럼, 하나님과 사탄처럼 다릅니다. 첫 번째 공의회가 율법을 폐지하고 믿음을 세웠다면, 그 후의 공의회들은 믿음을 폐지하고 율법을 세웠습니다. 사람들은 이것을 하나님의 공의회라고 불렀지만 사실은 사탄의 공의회였습니다. 인간들을 거룩하게 하는 성령의 사역은 율법을 통해 일어나는 것이 아닙니다. 성령은 은사와 함께 선물로 주어져 인간들이 성령의 사역을 붙잡도록 하십니다.

### 성령은 그리스도의 말씀을 마음에 새긴다

그리스도와 성령의 차이는 이것입니다. 그리스도는 은혜의 말씀을 구술로 말씀하시고, 성령은 이 말씀을 마음에 새기도록 역사하십니다. 마음속에 은혜의 말씀을 가지고 있는 모든 사람은 성령의 모든 선물을 소유하며 성도의 교제를 합니다. 외적인 말씀은 아무것도 아니며 성령이 홀로 역사해야 한다고 주장하는 열광주의자들은 여기에 설 자리가 없습니다. 왜냐하면 "보혜사 성령이 너희에게 모든 것을 가르치고 내가 너희에게 말한 모든 것을 기억나게 할 것이다"(요 14:26)라는 말씀을 들을 수 있기 때문입니다.

요약하면 다음과 같습니다. 우리의 구원은 그리스도의 말씀을 듣는 것에 달려 있습니다. 이것으로부터 성도의 교제도 이루어집니다. 이런 일이 일어나면 우리는 죄 사함을 얻고 죽음은 더 이상 우리를 지배할 수 없으며 생명이 주어집니다. 영생은 이렇게 이루어지는 것입니다. 이것이 성령에 의해 사랑으로 설교된 내용입니다.

그러므로 주님은 성령을 보혜사(위로자), 진리의 영으로 부르십니다(요 14:17; 15:26; 16:13). 하지만 그는 율법과 관련된 자들에게는 보혜사가 아닙니다. 율법의 지배를 받는 자는 성령이 필요하지 않습니다. 율법은 성도를 기쁘게 하지 않습니다. 율법은 요구하기 때문입니다. 그러나 성령은 다릅니다. 성령이 누군가에게 주어질 때 기쁨이 생깁니다. 모든 것은 이러한 구별에 대한 이해에 달려 있습니다.

사탄의 유일한 목표는 우리가 그리스도와 그의 말씀을 깨닫지 못하도록 하는 일입니다. 그는 먼저 우리의 이성과 생각을 점령하고, 그런 후에 자신을 그리스도의 모습으로 위장합니다. 그리고 은혜의 말씀을 율법의 말씀으로 바꾸어 버립니다. 우리는 이것에 특별히 주의해야 합니다.

이 말씀은 이미 오래전부터 여러분에게 설교한 내용입니다. 모든 성경은 성령이 그리스도의 말씀을 뒤따른다고 약속하고 있습니다. 그리스도의 가르침이 있으면 그곳에는 열매가 있으며 반드시 성령이 오십니다. 그분은 다른 어떤 가르침도 좇지 않고 오직 복음만 듣도록 합니다. 이것이 우리가 말씀을 즐거이 듣되 신약성경, 특히 바울서신과 요한복음을 읽으라고 권고하는 이유입니다. 그리스도는 "내가 너희에게 말했다. 내가 떠나간 후 성령이 오시리라"고 말씀하셨습니다. 그러나 우리는 우리 자신의 지혜를 더욱 좋아하기 때문에 하나님의 말씀이 우리 안에서 활동할 수 있는 여지를 주지 않으려 합니다. 그러므로 우리는 식탁과 잠자리에서도 하나님 말씀을 기억해야 합니다. 성령은 그리스도와 마찬가지로 보혜사입니다. 그리스도는 "아버지가 또 다른 보혜사를 너희에게 주사 영원토록 너희와 함께 있게 하시리니"(요 14:16)라고 말씀하셨습니다. 그러므로 우리는 두 보혜사를 갖고 있습니다. 그리스도는 말씀을 가진 보혜사(말씀으로 하는 위로자)이며, 성령은 마음의 깨달음을 주시는 보혜사(선물로 마음을 위로하는 자)로서 역사하여 우리를 깨우치십니다. 말씀은 정죄를 받아 십자가에 버린 바 되셨습니다.[91] 그러나 성령은 우리 마음속에 불꽃같은 깨달음으로 말씀하십니다(참조. 행 2:3). 여기에 말씀은 항상 머무릅니다.

---

91  그리스도 안에서 육신이 된 말씀, 즉 입으로 위로하신 보혜사는 배척을 당하고 십자가형에 처해졌다.

## 설교 해설

이 설교는 1529년 5월 17일 성령강림절 후 월요일 오전에 행해진 것이다. 루터는 당시 담임목사인 부겐하겐이 부재하자[92] 모든 설교를 맡아 행했다. 그는 성령강림절 주일(5월 16일) 오전과 오후, 성령강림절 후 월요일(5월 17일) 오전과 오후, 성령강림절 후 화요일(5월 18일) 오전과 오후, 그리고 성령강림절 후 수요일(5월 19일) 오전에 설교하였다. 설교의 성경 본문은 사도행전 2장 1절 이하, 요한복음 14장 23절 이하, 사도행전 2장 12절 이하이다. 그중 본 설교는 성령강림절 주일 오후부터 월요일 오후까지 요한복음 14장 23절 이하를 본문으로 하여 행한 세 개의 연속 설교 중 하나이다.[93]

이 설교는 주로 요한복음 4장 23-27절에 근거하여 "아버지와 나는 너희에게서 거처를 삼을 것이다"라는 주제를 다루고 있다. 여기서 성령을 통하여 교회의 연합과 죄의 용서, 그리고 영생이 주어지는 놀라운 기적 사건이 설교된다.

설교에서 흥미로운 것은 루터가 성령의 사역을 그리스도의 사역과 비교하는 내용이다. 루터에 따르면 그리스도와 성령 모두 은혜의 말씀과 관련되는데, 그리스도는 은혜의 말씀을 구술로 전하신 반면, 성령은 이 말씀을 우리의 마음에 새기고 역사하신다.

---

92  부겐하겐은 1528년 10월부터 1529년 6월까지 함부르크의 교회개혁 때문에 비텐베르크를 떠나 있었다.
93  이에 대해서는 루터 설교4 "설교 해설" 참조.

## 루터 설교 12

## 그리스도인의 두 소명

성서 본문: 에베소서 4장 1-10절

지난 주일설교의 본문인 서신서를 계속 설교하려고 합니다.[94] 서신서에서 바울은 에베소의 그리스도인에게 믿음 안에 굳게 서야 한다고 가르쳤고, 하나님 아버지께서 그들의 속사람을 강건하게 하시기를 기도했습니다(이에 관해서는 지난 주일의 서신서를 보십시오). 그런 후에 그는 항상 말하듯이 믿음이 사랑으로 전파되어야 한다고 가르칩니다.

### 믿음과 소명에 맞는 생활

---

[94] 9월 24일 오후예배의 설교 본문은 에베소서 3장 1절 이하다.

첫째, 바울은 사람들에게 믿음이란 무엇이고 그리스도인의 신분에 적합한 생활이란 어떤 것인지를 가르칩니다. 바울은 믿음이 심겨진 후에 그리스도인들이 어떻게 외적으로 선한 행위를 해야 하며 어떤 삶을 살아야 하는지 가르칩니다. 따라서 이 서신은 훈계의 편지입니다. 바울은 이 편지에서 그리스도인들에게 믿음과 소명(부르심)에 일치하는 외적인 행위를 통해 경건한 삶을 살아야 한다고 훈계합니다. 설교란 그리스도인들에게 참된 믿음을 가지고 있음을 깨닫고 그 믿음을 잃지 않도록 계속하여 훈계하고 인도하는 것입니다. 이것은 바울이 "그러므로 형제들아 더욱 힘써 너희 부르심과 택하심을 굳게 하라. 너희가 이것을 행한즉 언제든지 실족하지 아니하리라"(벧후 1:10)고 말한 것과 같습니다.[95] 믿음을 주신 이유를 깨닫지 못하는 사람은 외적인 행위가 이전과 차이가 없습니다. 그는 이전과 똑같이 화를 내고, 교만하고, 오만하며 조급합니다. 심지어 이전보다 더 악한 것처럼 보이기도 합니다.

따라서 믿음을 가지고 있고 좋은 그리스도인이라고 생각하면서도 외적인 열매들을 맺지 않는 사람은 스스로를 속이는 것입니다. 우리는 그리스도인들에게 이런 일이 생기지 않고 오히려 자신의 믿음과 소명을 진심으로 받아들여 믿음의 가르침이 열매를 많이 맺도록 권고해야 합니다. 이런 이유로 하나님은 설교의 직무를 제

---

95 G. 뢰러의 사본에는 "너희는 선행을 통하여 너희 부르심과 택하심을 더욱 힘써 굳게 하라"고 되어있다.

정하셨습니다. 하나님은 자신의 말씀이 역사하는 것을 원하시는 것입니다. 우리가 하나님 말씀을 잘 알고 있다고 해도 우리를 게으르게 하고 방심하게 만드는 옛 아담[96]과 사탄이 여전히 우리 육체 안에 머물러 있기 때문입니다.

바울은 "그러므로 주 안에서 갇힌 내가 너희를 권하노니 너희가 부르심을 받은 일에 합당하게 행하여"(엡 4:1)라는 말씀으로 시작합니다. 이 말씀을 풀이하면 다음과 같습니다.

저는 지금 여기 로마에 수감되어 있어 여러분에게 직접 설교할 수 없지만 이것이 오히려 '여러분의 영광'(엡 3:13)입니다. 서신으로라도 '너희가 부르심을 입은 부름에 합당하게 행하라'고 권하며 제 직무를 수행하려고 합니다.

여기서 바울은 다음과 같이 말하는 것입니다.

저는 여러분을 권하고 여러분을 돌봐야 할 충분한 이유가 있습니다. 사탄은 제가 여러분과 함께할 때뿐 아니라 여러분과 함께하지 않을 때 더욱 여러분을 방심하게 하기 때문입니다.

---

96  G. 뢰러의 사본에는 '귀공자 아담'이라고 되어있다.

그러므로 말씀을 전하는 것은 항상 필요한 일입니다. 이는 믿음의 열매를 기꺼이 맺으려 하지 않는 게으르고 악한 영혼이 소생하도록 하기 위해서입니다.

### 영적인 소명

우리에게는 두 종류의 소명(부르심), 곧 영적인 소명과 외적 소명이 있습니다. 영적인 소명이란 우리 모두 복음을 통해 세례와 기독교 신앙으로 부름 받았고, 말씀과 세례를 통하여 그리스도와 하나 되는 것을 말합니다. 이 소명을 통해 우리는 예수 그리스도의 형제, 예수 그리스도의 동료라고 불립니다. 이 소명은 보편적이고 동일합니다. 왕의 아들이 하인의 아들보다 더 나은 세례를 받는 것이 아니며, 황제라도 거지가 듣는 복음보다 더 나은 것을 듣는 것이 아니기 때문입니다. 모든 사람을 위해 죽으신 그리스도는 동일한 분이고, 모든 사람을 위해 흘리신 그리스도의 피는 같은 것입니다. 그러므로 이것은 모든 사람을 동일하게 만드는 공동의 영적인 소명입니다. 한 그리스도인이 다른 그리스도인보다 더 확고하게 그리스도를 붙잡을 수는 있으나, 그렇다고 다른 그리스도가 있는 것은 아닙니다. 믿음이 연약한 그리스도인과 믿음이 강한 그리스도인 안에 계신 분은 같은 그리스도입니다. 이것은 동일한 소명으로 누구도 다른 사람과 다르지 않습니다. 여기서는 박사와 평신도, 제후와 농민이 모두 같고,[97] 차이가 없습니다. 동일한 세례를 받았고 동일한 교리를 갖고 있기 때문입니다.

## 영적인 소명에 따라 사는 삶

이제 우리는 소명에 적합하도록 이 소명에 따라 살아야 합니다. 이 말은 우리가 소명을 받아 그리스도와 하나가 되었고, 이제 우리는 그리스도가 거룩한 것처럼 거룩하게 살아야 하는 소명이 있음을 의미합니다. 여러분은 모두 거룩한 존재로 부름을 받아 그리스도 안에서 모두 동일합니다. 눈은 손처럼 신체의 한 부분입니다. 발이 신체의 가장 아래 부분이며 더러운 곳을 걸어 다닌다고, 눈이 발보다 더 낫다고 자랑할 수 없습니다. 물론 모든 신체가 동일한 역할을 하는 것은 아닙니다. 그렇지만 우리는 같은 형제요, 그리스도와 연합된 자이기 때문에 그것에 합당한 삶을 살도록 힘써야 합니다. 이 일은 우리가 거룩하게 살 때 이루어집니다. 이것은 그리스도가 거룩하기 때문입니다. 그는 머리요, 우리는 그의 몸이자 신체의 한 부분입니다. 그리스도 자신이 생명이요, 진리요, 말로 표현할 수 있는 선한 모든 것인 것처럼 우리는 그의 예를 모범 삼아 따

---

[97] 뉘른베르크 사본에는 "어린이와 노인, 농민과 귀족, 남자와 여자는 차이가 없습니다"로 되어 있다.

라가야 합니다. 이러한 권면은 우리를 자극하고 감동시켜 다음과 같은 생각을 갖게 합니다.

사랑하는 주님! 저는 이제 이전처럼 악하지 않습니다. 세례와 복음에 비추어 저 자신을 보면 아담과 하와로부터 태어난 자와는 다릅니다. 저는 그리스도의 지체요, 저의 신분은 거룩하며 하늘에 속해 있는 자입니다. 저는 참으로 신과 같은 존재요, 신적인 본질과 신분으로 부름을 받았습니다. 그러므로 저는 이러한 신분에 맞게 살아야 합니다.

이것은 맨발의 수도사가 교단과 규칙을 따르고 있기에 자신이 마치 다른 사람이 되었다고 생각하는 것과 같습니다.[98] 그러나 아닙니다. 그는 단지 규칙에 따라 살 뿐입니다.

여기서 세상적인 예를 하나 더 적용하겠습니다.[99] 적그리스도의 어리석고 사악한 교단에 속한 수도사들은 자신의 교단 규칙에 걸맞게 삽니다. 하지만 유감스럽게도 모든 수도사의 규칙과 행위들은 오물과 더러움, 그리고 배설물에 불과합니다. 아니, 오히려 기독

---

98 맨발의 수도사는 맨발로 다니거나 간단한 신발로만 다닌 교단의 수도사들을 뜻한다. 중세에 프란시스회 수도사들도 여기에 속했다.
99 루터는 성 버나드나 프란시스를 칭찬도 하지만, 때로는 혹평을 가하며 수도원 제도를 비판한 적이 많다. 루터에게 수도사 생활과 수도원 제도는 행위를 통해 구원받고자 하는 행위의 의(義)의 대표적인 예다.

교의 신분에 거스르는 독에 지나지 않습니다. 그리스도인은 분명 저들과 다른 교단에 속하고 다른 규칙의 적용을 받습니다. 저도 수도사복을 입지 않고 머리를 깎지 않았으며 "베네딕트 규칙"을 따르지 않습니다.[100] 여기서 기독교적이고 하늘에 속한 거룩한 삶을 살기 위해 그리스도인 신분에 일치하는 것이 무엇인지 고민해야 하지 않겠습니까?

여러분은 기독교라는 교단에 들어왔습니다. 여러분이 어떤 종류의 영적인 수도사들이 되었는지 보십시오. 여러분이 하늘의 존재로 부름을 받아 그리스도의 모든 지체와 하나님의 자녀가 되었음을 깨닫기 바랍니다. 여러분은 훌륭한 서약을 했습니다. 여러분은 전에 이런 신분에 걸맞지 않은 삶을 살았음을 기억하십시오. 여러분이 신적인 기독교의 신분을 받아들이고도 인간적이고 악한 삶을 사는 것은 적합하지 않습니다.

### 그리스도인의 신분에 맞는 행위

그럼 우리 그리스도인의 신분에 일치하 행위란 무엇일까요? 바

---

[100] 중세에 수도사의 존재는 '규칙에 따라 사는 삶'을 의미했다. 수도원 제도에서 가장 유명하고 영향력을 끼친 규칙은 누르시아의 베네딕트가 쓴 "베네딕트 규칙"이다. 이 규칙에 대해서는 베네딕트/이형우 역주, 『수도규칙』(왜관: 분도출판사, 2005) 참조.

울은 '모든 겸손과 온유와 오래 참음으로'(엡 4:2)라고 말합니다. 우선 여러분은 인간의 신분이고 이 땅 위에 속한 육적인 존재였기 때문에 교만하고 분을 내고 참지 못했습니다. 수도사들이 수도원 안에는 죽음에 이르는 일곱 가지 죄(大罪)[101]들이 한 무더기로 있다고 말한 것처럼 말입니다. 다른 곳에서는 죽음에 이르는 죄들이 부분적으로 존재하지만 수도원에는 일곱 가지 대죄 모두 서로가 나란히 있습니다. 이것은 결코 놀랄 일이 아닙니다. 수도회가 아무리 거룩하다고 해도 기독교적이지도, 신적이지도 않으며 여기에는 단지 인간적인 규칙과 육적인 생각이 있을 뿐입니다. 그러므로 육체의 열매들이 여기에 머무는 것은 결코 놀랄 일이 아닙니다. 그러나 우리가 가진 신분으로는 그렇게 해서는 안 됩니다.

### 온전한 겸손으로

먼저 교만하지 말고 '모든 겸손으로' 행해야 합니다. 모든 사람이 이것을 쉽게 말할 수 있습니다. 그러나 삶으로 증명하고 그것으로

---

101  수도사의 존재는 이 세상에서 완전한 삶을 목표로 한다. 그러기 위해서는 복음에 따른 삶, 곧 죄를 극복하고 겸손, 포기, 순종, 덕을 추구하는 금욕적인 삶을 살아야 한다. 이러한 삶을 위해 카시안(J. Cassian, 약 360-435)이 여덟 가지 대죄를 주장했고, 이것은 후에 교황 그레고리 1세에 의해 일곱 가지 대죄로 정리되어 중세에 크게 영향을 주었다. 완전한 삶이란 일곱 가지 대죄에 해당하는 교만, 탐욕, 식탐, 분노, 음란, 시기, 나태를 극복하는 것이다. 이 대죄들의 특징은 실제적인 범죄 목록이 아니라, 인간을 죄와 타락으로 이끄는 근원적인 악을 제시한다는 점에 있다.

우리 그리스도인의 신분을 칭찬해야 한다면 상황은 달라집니다. 실제로는 겸손의 어떤 모습도 보이지 않습니다. 일반 백성들은 차치하더라도 경건하고 복음적이려는 자들 안에 어떤 교만이 있는지 보십시오. 그들 안에는 이전보다 더 큰 교만이 있습니다. 오늘날 열광주의자들은 말 그대로 사악한 교만을 가지고 있습니다. 그들은 교만하여 자신들의 가르침을 부풀립니다. 복음적인 사람들 역시 그러합니다. 우리는 무례한 당나귀같이 세상 일에 자만합니다. 그리고 다른 사람을 업신여깁니다. 그런데도 우리는 모두 하나님의 말씀을 들으며 그리스도인이라 불립니다. 겸손이란 모든 사람에 대해서 아주 완전해야 하는 어떤 것입니다. 제가 만일 제후이고 가장 많이 배운 학자라도 절반의 겸손을 가져서는 안 되며, 나와 동일한 영적인 직업(소명)을 가진 모든 사람에게 온전히 겸손해야 합니다.

저는 제 마음에 드는 자들을 선택하여 그들을 높일 수 있습니다. 하지만 저는 다른 사람들보다 저 자신을 자랑합니다. 열광주의자들이 그렇게 행합니다. 그들은 서로 나란히 있을 때 '사랑하는 형제'나 '사랑하는 자매'라고 부릅니다. 매우 겸손한 태도를 보여 여기에 성령이 함께 하신다고 느낄 정도입니다. 그러나 그들은 우리나 다른 사람들과 다르게 사탄으로 가득 차 있습니다. 이것은 누군가가 배웠거나 부자이거나 아름다워서 그에게 외적으로 풍기는 이미지를 포장하기 위한 일부분의 겸손에 불과합니다. 이것은 가치 없는 겸손입니다. 스스로를 속이는 것이고 사탄이 거기에서 모든 교만으로 함께 합니다. 당신의 좋은 친구 하나 또는 둘이 당신 앞에 있다고 생각해 보십시오. 여러분이 서로 심하게 싸우는 일이 생기면 당신은 마치 사탄이 불에 기름을 붓듯이 분노로 폭발할 것입니다. 당신은 물론 당신에게 미소 짓고 당신을 공격하지 않는 자들에 대해 교만하지 않을 수 있습니다. 하지만 누군가 당신을 공격하면 당신 자신이 어떻게 분노하는지 보십시오!

그러므로 저는 여러분이 곳곳에서 모든 사람에게 겸손하라고 권합니다. 여러분이 그렇게 하면 그것은 여러분에게 어울리는 일이 됩니다. 바울이 로마인들에게 "형제를 사랑하며 … 존경하기를 서로 먼저하며"(롬 12:10)라고 말한 것처럼 그리스도인은 다른 사람에게 존경심을 가지고 다가가야 합니다.

### 겸손의 내용과 근거

그러나 이 일을 어떻게 할 수 있을까요? 당신은 내면에서 이것을 훌륭하게 할 수 있습니다. 당신과 다른 사람의 소명을 주목하십시오! 여러분은 동일한 그리스도, 동일한 세례, 그리고 동일한 믿음을 가지고 있습니다. 아마 당신은 소명을 다른 사람보다 더 잘 잡을 수 있을 것입니다. 그리고 다른 사람이 이러한 보물을 당신보다 힘없이 잡고 있어도, 당신은 주님이신 그리스도를 느끼는 피조물을 존중해야 합니다. 그는 세례를 받았으며 복음과 성례전을 가지고 있기 때문입니다. 여기서 우리는 그 사람 때문이 아니라 그 사람 안에 거주하시는 그리스도 때문에 겸손해야 하는 것입니다. 그 사람에게 내적인 소명에 따라 겸손을 보이십시오. 주님은 본문 말씀처럼 만유 위에, 만유 안에, 그리고 만유를 통해 계십니다(6절). 이러한 겸손은 좋은 동기와 근거로부터 나오며 결코 위선으로 볼 수 없습니다. 왜냐하면 우리가 세례와 복음을 존경하는 것처럼 하나님 선물의 그릇인 제 이웃도 존경해야 하기 때문입니다.

당신은 이웃이 악하게 행동하며 살기 때문에 그를 미워한다고 말합니다. 이것은 다른 문제이며 이에 대한 대답에는 두 가지가 있습니다. 세례받았지만 죄에 빠져 있는 형제를 보곤 합니다. 이 사람에게 제가 겸손해야 합니까? 예, 하지만 그리스도께서 "그를 권고하라"(마 18:15)고 말씀하신 것처럼 해야 합니다. 저는 주님이신 그리스도를 뒤따라가야 하기 때문입니다. 만일 당신이 그리스도와 그의 말씀을 들으려 하지 않으면 저는 당신을 이교도나 터키인처럼 여겨야 합니다(마 18:17). 여기에 복음과 그리스도는 없고 사탄의 지배만 있기 때문입니다.

### 연약한 자를 담당해야 한다

한 사람이 분노와 실수가 잦고 다른 심각한 악습까지 가지고 있다고 합시다(사실 그런 사람들은 많습니다). 그런데 권고의 말을 듣고 자기 자신을 돌아보며 잘못을 깨닫고 고백하며 용서를 빈다면 여기서 겸손을 멈춰서는 안 됩니다. "사랑 가운데 서로 용납하라"(엡 4:2)는 규칙을 적용해야 합니다. 그가 동일한 세례를 받았고 동일한 그리스도 안에 있기 때문입니다. 어린이가 좀 더럽다 해도 그를 버려서는 안 됩니다. 바울은 이런 사람을 다음 말씀처럼 감당해야 한다고 말합니다.

믿음이 약한 자를 받으라(롬 14:1).
우리 강한 자가 마땅히 연약한 자의 약점을 담당해야 한다(롬 15:1).

우리가 겸손하게 사는 것, 그리고 우리가 자만할 이유를 가진 경우라도 이웃을 감당하는 것은 우리 신분에 어울리는 일입니다. 겸손함으로 그리고 연약한 이웃을 감당함으로 그리스도인은 자신의 신분을 드러내게 됩니다. 그러나 만약 우리가 어떤 것도 감당하지 않으면서 작은 종양이나 콧물조차 없는 깨끗한 사람들하고만 함께 하기 원한다면, 우리는 여전히 죄 가운데 있게 될 것입니다. 우리는 서로 감당해야 합니다. 당신은 저에게서 마음에 들지 않는 것들을 볼 것이고, 저 또한 당신에게서 그런 것들을 볼 것입니다. 우리가 즐거이 말씀을 듣고 순종한다 해도 말입니다. 따라서 우리가 강하다면 연약한 자들을 감당해야 합니다. 주님께서는 뼈가 살을 담당히도록 육체를 정하셨지,[102] 살이 뼈를 담당하도록 하지 않으셨습니다. 이렇게 함으로 우리는 우리 소명에 머물게 됩니다. 이것이 내적인 소명을 따르는 것입니다.

### 외적인 소명

또 하나의 소명은 외적인 것입니다. 외적인 소명은 사람마다 차이가 있습니다. 이 소명은 신적인 것(하나님으로부터 온 것)이라 해도 이 세상에 속한 소명입니다. 제후는 농부가 아니며, 학생은 교사가 아니고, 종은 주인이 아닙니다. 아버지는 아들이 아니며 여자는 남자가 아닙니다. 내적인 소명에서는 우리가 서로 같지만 서로 다른 육체적인 소명을 갖습니다. 농민들이 폭동을 일으켜 서로

---

102  루터는 이웃 사랑, 강한 자가 약한 자를 감당해야 함을 나타내기 위해 인간 육체의 뼈와 살의 비유를 자주 사용했다. 뼈는 강한 자를, 살은 연약한 자를 가리킨다.

다른 소명을 없애고 섞어 버리려 했습니다. 그들은 "우리는 오랫동안 충분히 농부였다. 이제는 왕이 되길 원한다. 그리고 왕은 농부가 되어야 한다"고 말합니다. 이것은 마치 여인들이 "우리는 오랫동안 충분히 여자였다. 이제는 남자가 되기를 원한다"고 말하는 것과 같습니다. 하녀들과 종들이 "우리가 안주인과 주인이 되자"고 말하는 것과도 같습니다. 당신이 영적인 소명에서 어린이라면(왕도 거지 어린이와 동일한 세례를 받습니다) 외적인 소명에서는 상황이 다릅니다. 아버지와 아들은 내적인 소명에서는 서로 같지만 외적인 소명에서는 다릅니다. 여기서는 구별되어야 합니다. 만약 누군가 이러한 두 번째 소명에서 설교자, 혹은 시장이나 종으로 부름 받았다면 당신 역시 이 소명을 성실하게 기다리십시오! 이 소명은 육적인 신분입니다.

그리스도인의 일반적인 신분은 서로 동일합니다. 그러나 외적인 소명에서 우리는 서로 달라야 합니다. 그리고 다른 소명에서도 모든 겸손함으로 행해야 합니다. 각자 낯선 소명과 섞이지 않도록 자신의 소명을 기다리면서 말입니다. 자신의 소명을 신실하게 기다린다면 할 일이 많아집니다. 집안의 어머니가 자신의 임무를 충실히 수행하려고 하면 심지어 네 개의 손이 필요할 수도 있습니다. 어머니는 해야 할 것이 많지만 모든 것을 다 해낼 수는 없습니다. 그녀가 매우 부지런하여도 그녀가 원치 않는 일들이 많이 일어납니다. 그러므로 어떤 신분과 소명도 사소한 것이 없습니다. 소명은 사람이 할 수 있는 것보다 더 많은 일을 부여합니다. 나의 직무에도 백 개의 머리가 필요할 때도 있습니다.

## 두 소명의 구분

그러므로 두 가지 소명을 잘 구분하시기 바랍니다. 여자와 남자, 아버지와 아들, 종과 주인. 이들은 세례에서는 서로 동일합니다. 그러나 집에서는 같지 않습니다. 하나님께서 남자와 여자를 육체와 일에 따라 구분하셨기 때문입니다. 각자 자신의 소명에 합당한 일을 행해야 합니다. 남자는 자신에게 맞는 일을 행해야 합니다. 바울은 이러한 두 번째 소명에 대해 특별하게 말하지 않고 첫 번째 소명에 대해 말하고 있습니다. 그러나 바울은 각자가 자신의 의무를 겸손하게 수행하라고 권고합니다. 왜냐하면 첫 번째 소명에서 그는 무엇보다도 성령의 일치에 관해 언급하며 "우리는 한 하나님, 한 주님, 하나의 믿음, 그리고 하나의 세례를 갖고 있다"고 말하기 때문입니다. 하나님께서는 이러한 일치 가운데 우리를 강하게 유지하려고 하십니다.

사탄은 하나의 세례와 믿음, 그리고 하나의 성례전에 머물도록 허락하지 않습니다. 열광주의자들은 우리와 다른 세례를 갖고 있으며, 재세례파 역시 다른 세례를 가지고 있고, 우리 가운데서도 세례에 대해 자신들만의 특별한 의견을 가진 자들이 있습니다. 열심히 가르치고 권면하지 않는 곳에서 사람들은 분리됩니다. 이것은 바울이 디모데에게 "사람이…귀가 가려워서 자기의 사욕을 따를 스승을 많이 두고 또 그 귀를 진리에서 돌이켜 허탄한 이야기를 따르리라"(딤후 4:3-4)고 말한 것과 같습니다. 이런 일이 생기면 화합은 깨집니다. 각자 자신이 원하는 대로 그리스도에 대해 생각하며 스스로 하나의 그리스도를 만들어 냅니다. 제가 만일 열광주의자들과 재세례파처럼 '선한 행위들(행위의 의)'을 행하면 각자 자신이 원하는 대로 마음속에 또 다른 그리스도를 새기게 됩니다.

그러므로 기독교의 일치가 깨지지 않도록 주의하십시오! 어떤 자는 성직자용 모자와 삭발한 머리로, 어떤 이는 고난으로, 어떤 사람은 사랑을 통해 율법을 완성하여 하나님의 마음에 들려고 합니다. 이러한 것은 하나의 믿음과 일치하지 않습니다. 사탄은 이런 것을 위해 노력하게 하며 평온을 주지 않습니다. 그러므로 각자는 자신이 무엇을 위하여 세례를 받아 하늘에 속한 신분과 그리스도인으로 부름 받았는지를 주목해야 합니다. 그런 후에 외적인 신분을 주시해야 합니다. 그렇게 하는 것이 바르게 사는 것입니다. 오늘 말씀은 영적이면서 육적인 신분에 속한 각 사람에게 전하는 바울의 사랑스러운 권면입니다. 하나님의 이 권고가 우리 안에서 역사하시기를 소원합니다.

## 설교 해설

    이 설교는 1531년 10월 1일 주일 오후예배(삼위일체 후 제17주일)에서 선포된 것이다. 비텐베르크 시립교회 담임목사인 부겐하겐이 1530년 10월부터 1532년 4월까지 북독일 지역(함부르크, 브라운쉬바익, 뤼벡)의 종교개혁 도입을 위해 도시 뤼벡(Lübeck)에 체류했기 때문에, 루터가 대신하여 비텐베르크 시립교회의 설교단에 올랐다.

    이 설교는 에베소서 4장 1절에서 10절까지를 본문으로 하여 그리스도인의 소명이라는 주제를 다룬다. 루터는 두 소명에 관해 설교하면서 그 소명에 걸맞은 생활과 열매를 강조한다. 우리 그리스도인은 세례를 통해 하늘의 신분과 신적인 존재, 그리고 그리스도인의 신분으로 부름을 받았고 주 그리스도의 지체가 되었다. 사도 바울은 에베소서 4장에서 그리스도인들에게 믿음과 영적인 소명에 걸맞은 삶의 변화를 이루어야 한다고 권고한다.

    왜냐하면 선한 행위를 통해 이런 소명을 굳게 하는 것이 적절하기 때문이다. 하늘의 존재가 되어 믿음의 열매가 결여된 세상적인 삶을 사는 것은 합당하지 않다. 믿음에 부합하는 행위 중 하나는 겸손인데, 단지 부분적으로 사악하고 그럴듯해 보이는 겸손이 아니라 모든 이에 대하여 겸손하고 멈추지 않는 완전한 겸손을 말한다. 내적인 소명에 따라 우리는 인내해야 한다. 이 세상에 속한 육적인 신분은 하늘의 신분과는 차이가 있다. 어떤 이는 이러한 임무로, 어떤 이는 저러한 임무로 부르심을 받았다. 이러한 두 신분과 소명은 서로 분리되어야 하고 구별되어야 한다. 설교는 그리스도인 각자가 자신의 내적인, 외적인 신분과 소명을 주시해야 한다는 권면으로 결론을 맺고 있다.

### 루터 설교 13

# 세 종류의 선한 삶

성서 본문: 히브리서 9장 1-15절

**예수**

**세 부분으로 된 성막**

우리는 구약성서에서 전능하신 하나님이 왜 모세를 통해 세 부분으로 된 성막을 만들라고 명령하셨는지를 알아야 합니다. 첫 부분은 '지성소'(Sanctum Sanctorum)로 불리는 가장 거룩한 곳입니다. 이것의 길이와 너비와 높이는 각각 10규빗이며 4각형으로 되어 있습니다. 두 번째 부분은 '성소'(Sanctum)로 불리며 그 높이와 너비와 길이는 각각 20규빗입니다. 지성소와 성소는 한 건물(이 건물은 나무판으로 만들어져 한쪽 방에서 다른 방으로 가는 것처럼 한 부분에서 다른 부분으로 쉽게 갈 수 있었습니다) 안에 서로 잇닿아 있습니다. 세 번째 부분은 '성막뜰'(Atrium)로 길이가 100규빗, 폭이 50규빗, 높이가 5규빗입니다. 여기에는 성막을 둘러싸며 그물망처럼 비치는 흰 휘장이 있습니다.

이처럼 우리 교회도 교회 마당, 교회(본당 회중석), 제단, 이렇게 세 부분으로 나누어집니다. 제단은 가장 거룩한 곳이고, 그 다음 거룩한 곳은 교회이며, 그 다음은 교회 마당입니다. 이 세 가지는 어떤 집에서든 발견되는데, 마당, 집, 거실로 구분하는 것과 같습니다.

이를 통하여 성령은 세 종류의 설교 혹은 가르침이 있음을 보여주십니다. 이것은 세 종류의 양심과 세 종류의 죄를 만들 뿐만 아니라 세 종류의 선한 삶 또는 세 종류의 선행을 만듭니다. 이러한 차이는 모든 그리스도인이 알면 유익한 것입니다. 그 이유는 하나를 다른 것과 혼동하지 않도록 하고 모든 것을 적절하게 행하도록 하기 위함입니다. 마당을 제단으로, 교회를 마당으로 여기지 말아야 합니다. 이것을 보다 분명하게 이해하도록 지성소를 제단으로, 성소를 교회로, 그리고 뜰을 마당으로 부르겠습니다.

### 교회 마당

교회 마당은 우선 외적인 행위들을 가르치며 시간과 장소에 묶여 있는 여러 설교나 가르침을 의미합니다. 이것은 의식과 외적인 행태, 그리고 옷과 음식의 양태와 관련됩니다. 만일 설교자가 사람들에게 주의를 기울이지 않고 감독하지 않으면 이러한 것들은 양심을 위험에 빠뜨리고 상처받게 할 것입니다. 사람들의 상태는 힘들어지고 눈이 멀게 됩니다. 그렇게 되면 우리는 그들에게 더 이상 할 말이 없게 됩니다.

몇 가지 예를 들겠습니다. 사제, 수도사, 수녀, 주교, 그리고 모든 성직자는 평신도와는 다른 옷을 입습니다. 또한 교회에서 성의(聖衣)를 걸치고 기도와 찬양 등의 일을 행합니다. 이러한 모든 것은 옷과 장소와 관련된 외적인 행위입니다. 이것을 행하는 사람은 자신이 율법이 정한 가르침을 지키고 있으며 이것이 선한 행위, 선한 삶, 영적인 직무라고 생각합니다. 이로부터 그는 선한 양심을 확실히 가지게 되고, 심지어 바른 일을 행한다고 생각하는 불손함을 갖습니다. 반대로 그가 그러한 것을 간과하거나 무시하여 자신의 옷을 바르게 걸치지 않고 자기 의무(가령 成務日課, Officium Divinum)를 지키지 않는다면 계명을 지키지 않은 사람처럼 양심의 가책을 느끼게 될 것입니다.

잘못된 가르침은 삶과 양심을 외적인 것에 속박시킵니다. 금식해야 하는 저녁에 설교자의 방관과 태만으로 한 조각의 빵을 먹은 것이, 술에 만취하거나 저주하고 맹세하거나 거짓말하고 속이고 간음하거나 그 밖의 큰 죄를 짓는 것보다 양심의 가책을 더 무겁게 느껴야 할까요? 사실 성직자가 수대(手帶, 사제가 왼팔에 거는 것)나 제의(祭衣, 사제가 미사 때 제복 위에 입는 것), 제단의 성석(聖石)이나 은잔 없이 미사를 드리고자 할 때, 무례하고 수치스럽게 다섯 번이나 말하거나 거짓말을 하고 누군가를 험담하거나 자신의 이웃을 다치게 한 때보다, 열 배나 더 심하게 양심의 가책을 느끼는 성직자들이 오늘날 많습니다. 그들의 양심은 이러한 외적인 것에 확고히 매여 있어 바른 것으로부터 멀리 떨어져 있습니다. 어떤 사람이 손으로 사람을 죽이거나 말로 마음에 상처를 주거나 음탕한 얼굴로 말과 행위를 하는 것보다, 성인 축제일 전날 계란이나 버터 또는 고기를 먹는 것에 더 양심의 가책을 느끼고 있지는 않습니까? 몇몇 눈먼 교사들 때문에 평신도는 감히 성찬배(聖餐杯)나 성체포(聖體布)에 손도 대지 못하거나 누군가 그것을 부지불식간에 건드리면 이것으로 양심의 가책을 느낄 정도입니다. 평신도가 부주의해서 거룩한 성례를 손으로 건드리면 자기 손가락의 피부를 벗겨냅니다. 그들은 어떤 계명이나 금지가 없는데도 이 일로 양심이 무거워져 어리석게 자신을 괴롭히는 꼴이 됩니다.

그러한 양심과 오류는 모든 것을 서로 섞고 바르게 구분하지 않음에서 나오는 것입니다. 건전한 가르침이 없기에 바르게 구별하는 우리 능력은 발휘되지 못하고 소멸하고 맙니다. 가장 사소한 것을 중요한 것으로, 가장 중요한 것을 사소한 것으로 여기게 됩니다. 그 결과 하나님에 대한 두려움이 사라지고 인간적인 방자함이 그 자리를 차지하여, 사람들은 자신의 죄에 대해 방관하며 죄를 은폐하고 완고하게 됩니다. 이러한 일은 세상 곳곳에서 어렵지 않게 발견할 수 있습니다. 영적인 신분의 사람이나 세속적인 신분의 사람 모두 부정하고 교만하며 탐욕스럽고 미움이 가득하고 순결하지 않으며 누구도 주목하지 않는 죄를 저지르고 있는 것이 사실 아닙니까? 그들은 이러한 일에서 벗어나려고 하지 않습니다. 오히려 자신이 하나님을 두려워하며 살고 있고 하나님의 일을 하고 있다고 거침없이 생각합니다. 자신이 하나님과 바른 관계 속에 있고 정해진 시간에 기도하며, 성직자 의복을 걸치고 교회에서 자신의 직무를 잘 수행하고 있다고 의심하지 않습니다.

평신도들도 마찬가지로 금식과 축제를 지켜야 한다고 생각합니다. 마치 우리 하나님은 당신이 맥주를 마시든 물을 마시든, 생선을 먹든 고기를 먹든, 축제일을 지키든 금식을 하든 거의 개의치 않으시는 것처럼 말입니다. 이런 사람에 관하여 그리스도는 다음과 같이 말씀하십니다.

> 화 있을진저 외식하는 서기관들과 바리새인들이여, 너희가 박하와 회향과 근채의 십일조는 드리되 율법의 더 중한 바 정의와 긍휼과 믿음은 버렸도다. 그러나 이것도 행하고 서것도 버리지 말아야 할지니라. 맹인된 인도자어 하루살이는 걸러 내고 낙타는 삼키는도다(마 23:23-24).

우리 주님은 여기서 중요한 일을 사소한 것으로, 사소한 일을 중요한 것으로 만들면서 하나님을 불쾌하게 하는 어리석고 비뚤어진 양심을 묘사하고 계십니다. 그러면 외적인 일들에 항상 주의하여 하루살이같이 작은 것조차 걸러 내며 조금씩 먹는 사람이 단숨에 낙타를 삼키는 일이 가능할까요? 할 수만 있으면 그리 중요하지 않은 일들을 엄격한 양심의 문제로 만들면 됩니다. 그리고 매우 중요한 일에 대해서는 자유하고 부담 갖지 않는 양심을 가지면 됩니다. 이런 사람이 '성전뜰 성인'(Atrienses Sancti)입니다. 그들은 단지 5규빗 높이의 거룩함을 지니고 있는 것에 불과합니다. 그들의 거룩함이란 오감과 육적인 존재에 의해 정해진다는 의미입니다. 세상의 눈에는 이러한 거룩함이 실제의 거룩함보다 더 빛나 보입니다. 그래서 많은 이들이 성전뜰 안에 서 있습니다. 성전뜰이 교회보다 세 배나 더 길고 성소보다 10배나 더 길기 때문입니다. 성전뜰에 그렇게 많은 사람들이 서 있는 행태가, 잘못되고 왜곡된 양심과 행위와 삶을 따르도록 인도하고 만 것입니다. 성도들의 이런 실패는 성직자들이 부단히 깨어있지 않거나 열심히 가르치지 않기 때문이고, 이러한 상황에 대항해 싸우지 않아서 발생한 것입니다. 이 결과에 대해 성직자들은 엄중한 해명을 해야 할 것입니다. 설교자와 목자라는 직무가 매우 위험한 이유가 여기에 있습니다. 그러나 다른 측면도 있습니다. 바르게 직무를 행하기로 한 그들은 교황, 주교, 고위성직자들로부터 박해를 받아야 합니다. 왜냐하면 이 무리는 성전뜰과 같은 영적인 생활의 상태에 있고 심각한 죄에 완전히 빠져 있어서 누군가가 다른 것을 가르치는 것을 참지 못하기 때문입니다. 그들이 바로 하루살이는 걸러 내고 낙타는 삼키려는 자들입니다.

그러한 성전뜰 같은 외적인 제도가 누구도 개선하지 못하고, 의복, 음식, 장소, 시간과 연관된 모든 것이 어떤 사람도 경건하게 만들지 못한다는 사실은 누구나 알고 이해합니다. 성전뜰에 서 있는 사람은 계속 불의하며 탐욕스럽고, 참을성이 없으며 교만하고, 부정하며 화를 잘 내고 질투가 많습니다. 사실 음식과 의복, 시간과 장소와 관련된 것으로 거룩함을 얻으려 하는 사람들보다 이러한 죄에 더 빠져 있는 사람은 없습니다. 우리는 이를 우리 주위에서 쉽게 찾아볼 수 있습니다. 우리는 멈춰서서 이것에 관해 숙고해야 합니다. 이와 같은 것은 의롭게 되고 구원받는데 올바른 길이 될 수 없습니다. 다른 곳에 옳은 방법이 있는 것이 분명합니다. 성전 뜰에 서 있는 사람은 매우 크고 중대한 실수에 대해 사소하게 생각합니다. 따라서 우리는 타락을 보여 주는 서만함이라는 외적인 위반을 사소하게 여기는 것을 주의해야 합니다. 우리는 바르게 보는 습관을 가져야 합니다.

비난하는 사람이나 통속적인 잡담을 하는 사람, 또는 금식과 축제일을 지키지 않거나 금지된 음식을 먹는 사람을 만났다고 합시다. 당신은 후자의 사람보다 전자에 의해 열 배 더 심하게 충격 받지 않을까요? 후자를 하루살이를 삼킨 사람으로, 전자를 낙타를 삼킨 사람으로 간주하지 않겠습니까? 교황이 버터와 달걀 먹는 것조차 매우 엄하게 다루어서 사람들이 자신에게서 면죄부를 사게 한 것은 정말 비통하고 화나는 일입니다. 그런데 하나님에 대해 죄를 짓는 것에 관해서는 걱정하지도 않습니다. 주교와 고위성직자들은 이러한 것들을 뒤섞으며 거꾸로 만들고 하루살이는 걸러 내고 낙타는 삼키게 하면서 교황을 뒤따르게 합니다. 그들은 심각한 죄에 대해서는 방관합니다. 그렇다면 가련한 백성들은 어떻게 이것에서 벗어날 수 있겠습니까?

### 성막과 교회 마당

이제 교회 마당(Atrium)에서 성막, 교회 본당으로 나아가 봅시다. 이것은 실제로 선한 가르침, 선한 행위, 선한 양심을 의미합니다. 여기에는 겸손, 온유, 친절, 평화, 신의, 사랑, 예의바름, 순결 등이 해당합니다. 이러한 것은 음식과 의복, 또는 장소, 시간, 사람에게 매이지 않습니다. 이러한 일들에서는 평신도가 사제보다 더 나을 수 있고, 사제가 교황보다, 여자가 남자보다, 소년이 어른보다, 가난한 사람이 부자보다, 벌거벗은 사람이 값비싼 옷을 입은 사람보다 더 나을 수 있습니다. 그리고 집에서보다 들판에서, 교회에서보다 비밀스러운 곳에서 선한 행동과 양심에 따라 살아갈 수 있습니다. 하나님은 이러한 것을 찾으십니다. 이러한 길을 가는 자는 (성막에서 행하거나 미완성인 채 내버려 두는 것은 별개로 하고) 천국에 이르는 바른 길을 가는 것입니다. 그가 이러한 거룩한 장소에서 올바르게 여행하는 한, 하나님은 거기에서 일어난 것에 관해서는 묻지 않으십니다. 반면 누군가 신성모독을 하고 맹세하거나 음란하게 말할 때 이것을 양심의 문제로 삼아야 할 곳은 어디일까요? 누군가 모든 것을 부적절하게 듣거나 보거나 행하거나 생각한다면, 이 문제를 어디에서 다루어야 할까요? 그곳은 바로 교회 안이어야 합니다. 이곳이 참된 양심을 만듭니다. 낙타는 걸러 내고 하루살이를 삼키는 것은 여기에서 이루어집니다. 여기에서 곡식은 모이고 겨는 던져 버려집니다. 아벨이 양으로 제사드리고 가인이 하찮은 것을 제물드리는 곳이 바로 여기입니다. 우리가 교만, 탐욕, 부정, 분노, 미움 등과 싸워야 하는 곳도 바로 여기입니다. 우리는 사는 동안 교회 마당을 모두 잊고 이곳에서의 일에 완전히 전념해야 합니다. 여기서 우리는 경건과 거룩함에 이르는 길이 무엇인지를 봅니다. 이것을 실행하는 자들은 참으로 의롭게 되지만, 교회 마당의 경건을 실행하는 자들은 의롭게 되지 못합니다.

### 경건과 거룩함에 이르는 길

이와 같은 행위는 두 가지 방식으로 일어납니다. 어떤 이들은 이러한 행위를 사심 없이 열심히 행합니다. 하지만 다른 이들은 이것들에 관하여 잘못된 방식으로 행합니다. 그들은 자기의 죽은 행위들을 등에 짊어지고 매장합니다. 이들은 스스로 원해서 경건한 모습을 주장하는 것이 아니라 수치, 처벌 혹은 지옥이 두려워서 행합니다. 많은 사람이 정결해 보입니다. 그러나 불결함에 수치나 처벌이 더해지지 않았다면 그들은 수치나 처벌에 관심 없는 자들처럼 행했을 것입니다. 많은 이들은 자신의 분노나 기질을 즐거운 마음으로 제어하는 것이 아닙니다. 그들은 자신의 분노를 적절히 풀지 못하고 회개하지도 못합니다. 심지어 많은 이들이 교회에 헌신하고 예배를 드리는 것은 감사함에 의해서가 아니라, 영광을 위하거나 자신의 허영을 채우기 위해서입니다. 이러한 잘못은 뿌리가 매우 깊어 어떤 성직자도 그 속을 헤아리지 못하고 그것에 절망하여 다음과 같이 말할 것입니다. "하나님이여, 내 속에 정한 마음을 창조하시고 내 안에 정직한 영을 새롭게 하소서"(시 51:10). 또는 시편 19편 12절, "자기 허물을 능히 깨달을 자 누구리요, 나를 숨은 허물에서 벗어나게 하소서"라고 말합니다. 하나님은 이러한 일들을 원하지 않습니다. 예배가 즐겁고 자발적으로 행해지기를 원하십니다. 만일 그것을 행하는데 즐거움이 없고 바른 의지와 동기가 없다면, 이것은 하나님의 눈에는 죽은 것이나 다름없습니다. 이러한 일은 오류투성이일 뿐입니다. 이것은 강요된 것이고 강제와 협박으로 인한 섬김으로 하나님을 기쁘시게 하는 것이 아닙니다. 사도 바울이 말하는 것처럼 하나님은 "즐겨 내는 자를 사랑하시느니라"(고후 9:7).

이러한 기쁨과 사랑, 즐거움과 자발성은 이 땅 위에 사는 어떤 사람의 마음에서도 발견되지 않습니다. 본성상 우리는 모두 죄인입니다. 사실 우리는 의롭게 되기를 원하지 않습니다. 우리는 단지 그런 체할 뿐입니다. 처벌받거나 망신당하는 것이 두렵기 때문입니다. 오히려 이런 일들을 통해 우리의 유익과 즐거움을 추구하기 때문입니다. 순전히 하나님을 위해, 그리고 그것이 올바르다는 사실 때문에 의롭고자 하는 사람은 없습니다. 자연적인 인간은 스스로 의롭게 될 수 있는 무엇인가를 찾으려 하고 또한 찾아야 합니다. 그는 의롭게 될 수 없으며 또한 의를 위해 의롭게 되기를 바라지도 않습니다. 그는 마땅히 해야 할 의에 만족하지 않고 오히려 이것을 수단으로 무엇인가를 얻거나 회피하려고 합니다. 이것은 하나님의 눈에는 잘못된 것입니다. 바울이 로마서 3장 10절에서 시편을 인용하며 "의인은 없나니 하나도 없으며"(참조. 시 14:1)라고 결론 내린 것처럼 말입니다. 우리는 무엇인가를 얻거나 피하려고 선을 행해서는 안 됩니다. 이러한 행동은 고용인, 하인, 일용직 노동자의 행위와 같을 뿐, 의 자체를 위해 의롭고 자발적으로 행하는 자녀와 상속자의 행위가 아닙니다. 자녀와 상속자들은 오직 의를 위해, 다시 말해 하나님만 위해 의롭습니다. 하나님이 의, 진리, 선, 지혜, 거룩이시기 때문입니다. 오직 거룩을 추구하는 자는 하나님을 추구하고 그분을 발견할 것입니다. 그러나 보상을 추구하고 고통을 피하려 하는 자는 하나님을 결코 발견하지 못하며 대신 보상을 자기의 신으로 삼습니다. 사람이 무엇인가를 행하도록 하는 것이 무엇이든 간에 그 동기가 바로 그의 신인 것입니다.

### 성소와 지성소

우리는 여기서 무릎을 꿇고 은총을 간구해야 하고 우리 자신에 절망해야 합니다. 하나님은 우리를 위해 성소와 지성소를 지으셨습니다. 여기서 하나님은 그리스도를 우리 앞에 세우시고 그리스도를 믿고 그의 이름을 부르는 자는 즉시 성령을 받게 되리라고 약속하셨습니다. 그리스도는 요한복음 14장 26절에서 다음과 같이 말하십니다. "아버지께서 내 이름으로 성령을 보내실 것입니다." 자기 자신을 부인하고 참된 신뢰 가운데 그리스도를 부르는 자는 분명 성령을 받게 될 것입니다. 그리스도의 이름이 있는 곳에 성령이 뒤따라옵니다. 믿음으로 그리스도를 부르는 자는 그의 이름을 소유한 것입니다. 그리고 성령은 분명히 그에게 임합니다. 성령이 오시면 성령은 마음을 순결하고 자유롭게 하며 기쁘고 즐겁게 만듭니다. 그래서 마음은 값없이 의롭게 되고 보상을 추구하지 않으며 처벌을 무서워하지 않게 됩니다. 마음은 거룩 혹은 의 자체 때문에 의로우며 모든 것을 즐거움으로 행합니다. 보십시오, 이것이 바르고 선한 가르침입니다. 이것은 양심이 무엇인지, 선행이 무엇인지를 보여줍니다. 이것이 성소를 지나 지성소로 들어가는 것이며, 누구나 할 수 있는 지상에서의 마지막 일입니다. 이것은 하늘에 이르는 길입니다. 누구도 악한 채로 머물지 않고 오히려 모두 의롭게 됩니다. 이 길은 성전뜰의 정반대에 있습니다. 성전뜰의 외적인 것들에 무관심하기 때문입니다. 실제로 외적인 것들은 이러한 길에 얼마나 적대적이고 위험한 것인지 알 수 있습니다.

그리스도는 마가복음 16장 16절에서 이에 관하여 언급합니다.

믿고 세례를 받는 사람은 구원을 얻을 것이요.

믿음만이 구원합니다. 왜 그렇습니까? 믿음은 성령을 동반하기 때문입니다. 성령은 즐거움과 사랑을 가지고 모든 선행을 하게 합니다. 이런 방식으로 성령은 하나님의 계명을 성취하고 구원을 가져옵니다. 이 모든 것이 하나의 동일한 구조로 된 성소와 지성소를 의미합니다. 성전뜰이 따로 떨어져 있는 것은 믿음 없이는 선행이 이루어질 수 없으며 믿음이 행위 없이 지속되는 것은 불가능하다는 사실을 의미합니다. 설교자는 믿음과 행위 두 가지를 분리해서는 안 되지만 믿음을 앞에 놓아야 합니다. 더 나아가 믿음과 선행은 거룩한 음식, 거룩한 의복, 거룩한 시간, 거룩한 장소 등과 같은 외적인 것 없이도 존재할 수 있습니다. 그러므로 새로운 시대에는 뜰이 이방인에게 넘겨졌다고 요한계시록에 쓰여 있는 것입니다(계 11:2). 새로운 언약에는 이런 종류의 외적인 것은 각 개인의 자발적이고 자유한 선택에 달려 있기 때문입니다. 결과적으로 오직 성소와 지성소만이 실제로 사용되었습니다.

그리스도인들이 현재 가지고 있는 것보다 더 큰 성전뜰, 더 거룩한 음식, 더 거룩한 의복, 더 거룩한 날, 더 거룩한 장소를 가진 자는 이 땅 위에 없었습니다. 교황과 그의 교회법은 가치 없고 위험하고 화나게 하는 많은 규정들로 구성되어 있습니다. 이것은 믿음과 선행에 대해 말로 다 할 수 없는 손상을 끼치고 암흑을 가져왔습니다. 하나님께서 우리를 이것들로부터 구해주시고 은혜로 우리를 보호해 주시기를 간구합니다. 아멘.

## 설교 해설

　이 설교는 루터가 1521년 보름스 제국의회에 서기 위해 여행을 떠나기 바로 전에 선포한 것으로 같은 해에 인쇄되어 나왔다. 설교의 원제는 "양심을 가르치는 세 종류의 선한 삶에 관한 설교"(Eynn Sermon von dreyerley guttem leben das gewissen zu vndterrichten)이다.

　설교는 특정한 성경 본문을 다루고 있지는 않다. 이 설교에서 루터는 오직 믿음에 의한 칭의 교리로 혼란스러워하는 사람들, 즉 선행과 이를 뒤따라오는 의식이나 축제일 등을 지키는 것을 바르게 구별하지 못하고 이로부터 자유하지 못한 자들에게 가르침을 주고 있다. 옛 언약에 따른 성막의 세 부분과 연관하여 루터는 이 설교에서 세 종류의 교리, 세 종류의 양심, 세 종류의 선행이 있다고 설교한다. 그리스도인이라면 이것들을 서로 혼동하고 섞어서는 안 되며 이것들을 구별하는 방법을 알아야 한다고 강조한다.

# IV
# 설교의 의미

바이마르의 헤르더교회 제단화

## 루터 설교 14

# 부활의 방해자, 사탄

**성서 본문: 그리스도의 부활 역사**

**그리스도 부활 역사로부터 알아야 할 것**

여러분은 오늘 오전 예배에서 그리스도의 부활에 관한 설교를 들었습니다. 부활 사건 자체는 우리가 첫 번째로 알아야 할 내용입니다. 무엇보다 이 설교로 그리스도가 부활을 통해 죽음과 죄, 그리고 사탄을 모두 이기셨음을 이해하게 되었습니다.

다음으로 우리가 알아야 할 사실은 부활이란 공개적으로 설교되고 전해져야 하며, 설교된 이 부활을 믿고, 부활이 주는 열매가 무엇인지 알아야 한다는 것입니다. 끝으로 이런 것들에 행함이 동반되어야 한다는 사실에 주목해야 합니다.

**부활을 무력으로 방해하는 사탄**

이 모든 일에 대해 사탄은 어느 곳에서나 저항하며 싸웁니다. 사탄은 무엇보다도 그리스도의 부활 자체를 공격합니다. 그리스도가 부활하는 것을 막으려 했습니다. 그는 선한 것과 하나님께로부터 오는 모든 것을 훼방하려고 하기 때문입니다. 사탄은 그리스도께서 살아나는 것을 차마 볼 수 없었고, 그리스도의 행위와 가르침 역시 참을 수 없었습니다. 그래서 그리스도의 부활을 술책, 궤계, 폭력을 동원해 공격하면서 방해했습니다.

사탄은 또한 성서에 매우 정통하여 사람들을 꾀어내 성서에 대해 잘못 이해하도록 유혹합니다. 그는 그리스도께서 오셔서 발로 자신을 짓밟으실 것이라는 사실을 너무나 잘 알고 있었습니다. 또한 선지자들이 설교하고 쓴 것 역시 잘 알고 있었습니다. 그러므로 하나님께서 사탄이 지배하는 왕국을 멸망시키기 위해 누군가를 보내실 것을 분명히 알고 있었습니다. 하지만 누가, 어떻게 올지는 알지 못했습니다.

그래서 사탄은 그리스도가 부활하는 것을 기필코 막으려 한 것입니다. 그는 우선 무력으로 공격을 합니다. "저기 무덤에 그리스도가 놓여 있다"고 생각하고 빌라도에게 가서 파수꾼을 청합니다. 그리고 예루살렘에 있는 대제사장들과 세상 공권력을 동원하여 돌로 봉인했습니다. 사탄은 "그리스도가 이제는 어디로 나올(부활할) 수 있겠는가?"라고 생각합니다. 이렇게 현명하게 모든 것을 대처했다고 생각했지만 그 후에 어떤 일이 일어났습니까? 결국 그는 자신이 분뇨같이 헛된 것으로 무덤을 봉인한 것에 지나지 않았다는 것을 알게 됩니다.

당시 누군가가 그리스도의 무덤의 돌을 옮기는 것은 황제의 허락 없이는 결코 할 수 없는 일이었습니다. 그러나 삼만 명이 그리스도를 겹겹이 둘러쌓은들 무슨 소용이 있겠습니까? 그럴지라도 그리스도는 부활하셨을 것입니다. 사탄은 대제사장들 역시 동의했기에 그리스도가 결코 무덤에서 나오지 못할 것으로 생각했습니다.

### 비방을 통한 사탄의 방해

사탄의 두 번째 전략은 이것입니다.

내가 혹시 무력으로 아무것도 달성하지 못한다 해도 그를 비방하여 멸망시키리라.

이 전략은 이미 십자가상에서 시작되었습니다. 그리스도께서 강도들 사이에서 십자가에 매달리셨기 때문입니다. 이에 대해서는 아무도 감히 항변할 수 없었습니다.

그리스도가 죽은 자들 가운데서 부활할 것이라고 누군가 말했다면, 사람들은 그 사람을 신성모독으로 즉시 죽였을 것입니다. 사탄은 그 누구보다도 더 이 상황을 잘 다루었습니다.

그러나 이것이 무슨 소용이겠습니까? 주님은 사탄이 스스로의 간교와 무력을 사용하도록 내버려 두시면서 그 한가운데를 지나 우리에게 오셔서 우리를 강하게 하시는 분입니다. 그분은 빌라도와 대제사장의 무력뿐 아니라 십자가에 대한 외침이나 악한 소문에 전혀 신경 쓰지 않으셨습니다. 결국 사탄이 결사적으로 막으려 했던 일이 일어나고야 말았습니다. 그리스도가 부활하신 것입니다. 그래서 사탄은 다른 공격 방법을 감행합니다. 지금부터 이에 대해 말씀드리려 합니다.

부활은 이제 우리에게 공개되고 유익을 가져다 줍니다. 만약 그리스도가 오직 자신을 위해서만 사탄을 무찌르셨다면 그것이 무슨 유익이 있겠습니까? 그리스도가 자신만을 위해 그런 일을 하셨다면 구유에서 즉시 하늘로 승천하셨을 것입니다. 하지만 그리스도의 부활은 우리를 위해 일어난 것이기에, 부활 사건은 공개적으로 알려져야 했습니다. 이 말이 의미하는 것은 그리스도의 부활이 그리스도 안에 감추어져 머문 것이 아니라(사실 그리스도에게는 부활이 필요 없습니다), 죄에 뿌리 박혀있는 우리에게 유익하도록 널리 알려지게 되었다는 사실입니다. 이로써 그리스도는 온 세상에 퍼질 정도로 자신을 나누어줍니다. 또한 자신이 죄를 이긴 것은 자기 자신을 위한 것이 아닌, 바로 우리를 위해서라는 사실을 설교하도록 하십니다. 이것이 바로 그리스도의 부활을 나누어 주는 것이요, 죄와 죽음에 처해있는 세상에 그 부활을 제공하는 것을 의미합니다.

여러분은 부활 이후의 상황을 알고 있습니다. 부활은 말씀을 통하여 전달된다는 사실이 중요합니다. 부활에 관한 선포는 말씀, 즉 복음에 기초해야 합니다. 복음이란 부활에 관한 설교입니다. 여러분은 이 사실을 그리스도가 부활하신 이후에 보게 됩니다. 천사가 하늘로부터 내려와서 그리스도가 부활하신 것을 말씀으로 알립니다. 이것은 곧 그리스도의 부활이 말씀으로 드러나고 세상에 공적으로 선포되어야 한다는 사실을 보여줍니다.

천사들은 여인들에게 다음과 같이 말합니다(눅 24:5). "어찌하여 산 자를 죽은 자 가운데서 찾느냐?" 여인들은 그리스도가 부활했다는 사실을 듣고 사도들에게 전해주었습니다. 바로 이것이 부활의 선포입니다. 그리스도 역시 몸소 오셔서 막달라 마리아와 베드로, 그리고 다른 사람들에게도 말씀하셨습니다. 이렇게 부활은 단지 부활한 사실 자체가 아니라 선포입니다. 부활이란 바로 부활 사건을 선포하는 것을 포함하고 있습니다.

### 선포에 대한 사탄의 방해

사탄도 사람들이 부활에 대해서 침묵할 수 없다는 것을 잘 알고 있었습니다. 사탄의 무력과 간계에도 불구하고 그리스도께서 부활하셨기 때문에 사탄 또한 주먹과 혀를 가지고 부활의 선포에 저항하는 것입니다. 그래서 여인들이 올 때 사탄은 무엇을 행했습니까? 여인들이 부활하신 그리스도를 전하고 있을 때 그는 이 문제를 해결하려고 또 다른 방법을 시도합니다. 유대인들은 빌라도에게 가서 다음과 같이 말합니다.

주여! 제자들이 와서 그리스도를 훔치고 백성에게 "그리스도가 죽은 자들 가운데서 부활하셨다"라고 말하지 못하도록 무덤을 셋째 날까지 지키도록 명령하십시오!(마 27:63-64).

    그런 후 그들은 파수꾼들에게 그리스도가 부활한 사실에 대해 말하지 못하도록 했습니다. 그럼에도 불구하고 그리스도의 부활 사실이 널리 알려지자 그들은 돈으로 확실하게 입막음 하려고까지 했습니다(참조. 마 28:12-14).

    이렇게 사탄은 부활에 관한 소문을 근절시키려고 교활하게 술책을 펼칩니다. 그는 그리스도의 부활 사건을 저지할 수 없었기 때문에 최소한 이 부활에 관한 소식이 선포되는 것을 막으려 했습니다. 이것은 지금까지도 계속되고 있습니다. 현재도 사탄은 여전히 그리스도의 것이 아니라 자신의 것을 추구하는 사람들에게 부활을 거역하도록 이끕니다. 여러분은 얼마나 많은 사람들이 사탄이 원하는 생각을 받아들이고 사탄이 원하는 대로 설교하는지 알고 있습니다. 하지만 이런 것은 오늘 말씀에 나오는 것처럼 순전히 거짓말입니다. 사탄에 속한 모든 사람들이 그렇게 할 뿐만 아니라 오늘날 열광주의자들도 그렇게 하고 있습니다. 그들은 그리스도의 부활 소식이 전해지는 것을 무력으로 막았습니다. 이것은 세상 끝날까지 계속될 것입니다. 그러나 그리스도는 이런 공격에 개의치 않고 마치 영웅처럼 그 사이를 가로질러 가십니다. 이렇게 하여 부활 사건이 알려져 지금 우리에게까지 전해진 것입니다. 하지만 오늘날에도 적대자들은 모든 방법을 동원하여 이것을 막고 있습니다.

### 구원의 수단인 외적인 말씀

그리스도는 '말씀', 그리고 '세례'와 '성찬'이라는 '성례'를 통하여 부활을 나누어주십니다. 그러므로 사탄은 어디에서나 그리스도의 부활에 관한 계시를 저지하려는 것입니다. 그 결과로 열광주의자들이 와서 '성찬'을 공격하여[103] 부활의 능력이 인간의 영에 이르지 못하도록 하였습니다. 이것은 "그리스도는 부활하지 않았다"고 말하는 유대인들이 행한 것과 같습니다.

---

103 루터는 '성찬' 이해에 관하여 한편(초기)으로 로마 중세 가톨릭교회와 다른 한편으로(약 1524년부터) 열광주의자들과 격렬한 논쟁을 벌였다. 루터는 화체설과 희생제물로 보는 가톨릭교회의 성만찬 이해를 비판했으며, 무엇보다도 단종 성배(평신도에게 떡만 분배하는 것)가 복음에 위배된다고 보았다. 또한 열광주의자들의 상징설 성찬 이해도 비판했다. 열광주의자들은 그리스도가 성찬 제정의 말씀 후에 떡과 포도주에 실재한다는 것을 거부하며, 성찬이 그리스도의 몸과 피를 상징한다고 보았다(그래서 루터는 성찬의 상징설을 주장한 츠빙글리도 열광주의자라고 보았다). 그래서 루터는 가톨릭교회에 의해 성찬의 '절반'이, 열광주의자들에 의해 성찬 '전부'가 제거되었다고 비판했다.
루터는 가톨릭교회뿐만 아니라 열광주의자들 모두가 사탄의 도구라고 보면서 가톨릭교회를 통해 성찬의 바른 용도가, 열광주의자들을 통해 성찬의 본질이 제거되었다고 보았다. 특히 열광주의자들은 "이것은 내 몸이고 피다"라는 예수 그리스도의 말씀을 "이것은 내 몸과 피를 상징(의미)한다"로 해석했다.

복음은 '외적인 것'입니다. 하지만 적대자들은 여러분이 먼저 마음으로 느껴야 하며 여러분의 내면이 증언해야 한다고 말합니다. 이것은 부활의 계시가 백성에게 오지 못하도록 하기 위한 것입니다. 그 후에 압제자들이 와서 간계와 주먹을 행사합니다.

오늘 본문을 보십시오. 부활의 역사가 진실하게 머문 것처럼 부활 사건에 대한 설교 역시 진실하게 머뭅니다. 위대한 사도들에게 "그리스도의 부활 사실이 먼저 영 안에서 이해되는지, 아니면 말씀을 통해 이해되는지" 물어보십시오. 그리스도는 믹달라 미리아에게 다음과 같이 말씀하셨습니다(요 20:17).

너는 내 형제들에게 가서 말하라!

이때 그리스도께서 영적으로 말했는지 아니면 육적인 음성으로 말했는지 물어보십시오. 천사들도 마찬가지로 말했습니다(막 16:7). 그러므로 여러분은 그리스도의 부활이 외적인 말씀인 설교를 통해서는 이해될 수 없다고 말하는 열광주의자들을 허풍선이라고 꾸짖을 수 있어야 합니다.[104]

---

104 열광주의자들은 가시적이고 물질적인 것보다는 비가시적이고 영적인 것이 우월하다고 믿었다. 그래서 말씀과 성례전 같은 외적인 것은 하나님의 도구가 될 수 없다고 보았고 기껏해야 상징의 의미를 가질 뿐이라고 여겼다. 그들은 성령의 계시나 그리스도 부활의 계시는 외적인 것으로는 일어날 수 없다고 생각했다. 하지만 루터는 항상 가시적이고 외적인 표지 아래서 성령의 계시가 이루어진다고 주장했다.

**오직 말씀으로**

우리가 그리스도의 부활과 만나게 되는 시작과 첫 행위는 외적인 말씀입니다. 이것에 대한 증인에는 그리스도와 여인들, 그리고 사도들이 있습니다. 그러나 사탄은 외적인 말씀에 대항하여 싸웁니다. 그는 설교에 적대적이기 때문입니다. 그는 바보 같은 사람들을 유혹하고 기만합니다. 말씀을 소홀히 여기는 사람은 하나님께서 자신에게 마음속으로 말씀하시지, 결코 외적인 말씀으로 하지 않는 것으로 여깁니다. 그들은 우선 골방에 들어가 앉으려는 자들입니다. 만일 그런 일이 일어난다면, 하나님께서는 여러분에게 장엄한 형상과 영의 형태로 나타나실 것입니다. 저는 이해할 수 없는 공허한 말로 헛되이 말하고 싶지 않습니다. 제가 외적인 하나님 말씀에 의지하지 않으면 하나님을 상상할 수조차 없기 때문입니다.

교황이 이런 잘못된 겉모습에 매달리지 않았다면 적그리스도가 되지 않았을 것입니다. 교황은 자신을 뽐내며 자랑했고 다른 이들은 교황이 성령을 담고 있는 그릇이요, 성경을 해석할 힘을 가지고 있다고 그에게 아첨하였습니다. 이렇게 교황은 성경 없이 자신의 영에 따라 교회와 성도들을 지배했습니다. 새로운 예언자들도 그와 똑같이 행합니다.

여러분은 다른 사람의 꾀임에 빠져 우리에게 유익이 된 성서와 여러분에게 선포되는 말씀을 업신여기는 일이 없도록 해야 합니다. 오히려 하나님께서 이것들을 통해 여러분을 도우려 하신다는 사실을 기억하기 바랍니다. 이것이 다른 방식으로 이루어져야 했다면 하나님께서는 그리스도의 부활을 전할 천사들을 보내실 필요가 없었습니다. 하나님은 사도들에게도 즉시 성령을 주실 수 있었으나 외적인 말씀을 통해 성령을 주기 원하셨습니다. 이 사실에 확고하게 매달려야 합니다.

**그리스도의 부활에 관한 복음의 설교**

그리스도는 부활하셨고 이 부활은 지금도 현존합니다. 그리스도는 사탄을 밟으셨습니다. 이제 그 승리와 짓밟음은 바로 우리의 것이요, 우리를 위해 일어난 것임을 설교하도록 하십니다. 이런 사실을 전파하는 설교가 바로 복음의 설교인 것입니다.

이런 사실에 대해 선지자들은 바울보다 더 찬양합니다. 요엘은 다음과 같이 말합니다.

그날에 산들이 단 포도주를 떨어뜨릴 것이며, 작은 산들이 젖을 흘릴 것이며, 유다 모든 시내가 물을 흘릴 것이며, 여호와의 전에서 샘이 흘러 나와서 싯딤 골짜기에 대리라(욜 3:18).

외적인 말씀에 대해 이것보다 더 훌륭하게 표현한 말씀은 없을 것입니다. 이 말씀이 말하는 것은 외적인 말씀이 넘쳐흐르며 달콤한 꿀과 우유로 충만하게 된다는 것입니다. 여기서 선지자들은 "젖과 꿀이 흐르는 땅이 유대 민족에게 약속되었다"고 말합니다. 젖과 꿀이 흐른다는 것은 올리브나무와 포도나무, 그리고 곡식과 가축들이 풍부하다는 뜻입니다. 이러한 꿀과 우유로 충만한 땅이 모든 백성에게 주어져야 합니다.

이것이 바로 그리스도의 부활에 관한 복된 설교입니다. 그리스도의 부활에 대한 설교가 영적인 우유입니다. 죽음이 극복되었고 내 죄가 사해졌으며, 양심이 더 이상 괴롭힘을 당하지 않는다는 사실이 달콤한 것이 아니고 무엇이겠습니까? 사탄은 그의 손과 발이 쇠사슬로 묶여 더 이상 지배할 힘이 없습니다. 이것 역시 달콤한 꿀이 아닙니까?

그런 후에 그리스도의 부활은 우유, 즉 어린아이를 위한 음식으로도 설교되어야 합니다. 다시 말하면 믿는 자들이 연약하다면 어린아이처럼 돌보면서 그들을 짊어져야 합니다. 이것이 그리스도의 은혜와 순전한 사랑에 대한 참된 설교입니다. 그리고 이 일은 세상이 지속되는 한 계속되어야 합니다. 어리석은 자들은 복음이 메마른 것이라고 비난하지만 그렇지 않습니다. 복음은 달콤한 무화과나무와 같습니다.

여기서 산이란 무리가 있는 곳, 즉 모임을 말합니다. 이 모임은 단지 성직자들만을 의미하지 않습니다. 사탄도 이것을 잘 알기 때문에 말씀에 반대하는 것입니다. 시편 72편 3절에는 "의로 인하여 산들이 백성에게 평강을 주며 작은 산들도 그리하리로다"라고 말하고 있습니다. 산들이 평강을 가져다 주는 일이 일어난다는 말씀입니다. 요엘 선지자는 비유로 말했지만 이 말씀에서는 꾸밈과 숨김없이 말하고 있습니다. 말씀이 선포되는 곳, 곧 산(모임)에는 평강이 주어집니다. 말씀을 통해 성도들은 위로와 평강을 얻게 됩니다. 사람들은 이런 평강을 주는 산들을 곳곳에서 발견하게 될 것입니다. 이것이 바로 복음을 높이 찬양하는 것이요, 그리스도의 부활을 널리 알리면서 높이 기리는 일입니다. 왜냐하면 그리스도께서 죽음을 짓밟으셨음을 설교하는 것이기 때문입니다. 이것은 또한 평강과 의를 설교하는 것을 의미합니다. 죽음이 물러나면 그곳에 평강이 자리잡기 때문입니다.

우리는 날마다 복음이 분명하게 설교되는 것을 듣지만 이 설교를 마치 구두 수선공의 연설 정도로 생각하며 하찮게 여깁니다. 우리는 이 설교가 얼마나 위대한지를 생각하지 않습니다. 선지자들은 "산들이 우유와 꿀을 흘리는 이 시대에 살 수 있다면 얼마나 행복할까!"라는 말로 우리가 처한 시대가 얼마나 귀한지 깨닫기를 원했을 것입니다. 하지만 그들이 오늘날 우리를 본다면 아마 조롱할 것입니다. 우리 가운데 분명 처벌이 뒤따를 열광주의자들이 있기 때문입니다.

요약하면 부활 사건이 일어난 것은 부활이 말씀으로 선포되어 우리 앞에 놓이도록 하기 위함입니다. 사탄은 이 일에 반대합니다. 다음번에는 우리가 이 말씀을 어떻게 붙잡아야 하는지에 대해 말씀드리겠습니다. 이것에 대해서는 시간을 많이 할애해야 할 것입니다.[105]

---

[105] 어떻게 그리스도의 부활을 받아들여야 하는가에 대해서는 다음 날 설교(1528년 4월 13일 부활절 후 월요일 오전 설교)에서 다루어졌다.

## 설교 해설

이 설교는 1528년 4월 12일 부활주일 오후 예배에서 행해진 것이다. 루터는 이 부활주일 주간에 네 편의 설교를 하였는데,[106] 모두 '그리스도의 부활에 대한 사탄의 방해'라는 주제를 다루었다.

1) 사탄은 먼저 그리스도가 부활하는 것을 막으려 했으나, 참된 인간이자 참된 하나님이신 그리스도의 부활을 막는 것은 불가능했다(첫 번째 설교).

2) 그러자 사탄은 굴복하지 않고 계속하여 그리스도가 부활하셨다는 사실이 널리 전파되지 못하도록 간계를 썼고, 그리스도의 부활 당시뿐만 아니라 지금도 여전히 그리스도의 부활에 대한 설교를 방해하고 있다(두 번째 설교).

3) 부활이 설교를 통해 널리 퍼지자 사탄이 취한 또 하나의 방법은, 이렇게 선포된 그리스도의 부활을 사람들이 받아들이지 못하도록, 즉 믿지 못하도록 유혹하는 것이다(세 번째 설교).

4) 마지막으로 사탄은 믿음을 통한 그리스도의 부활 능력이 행함으로 이어지지 않도록, 즉 행함 없는 믿음이 되도록 이끈다(네 번째 설교).

---

[106] 루터는 1528년 고난주간에 7편의 설교를, 부활절 주간에 4편의 설교를 하였다. 부활절 설교는 4월 12일 부활절에 2번, 4월 13일 부활절 후 월요일에 2번 행해졌다.

이 설교의 큰 주제는 그리스도의 부활은 '설교'(외적인 말씀)를 통해 선포되고 전해져야 하고 사탄은 모든 수단을 동원해 이것을 방해한다는 사실이다. 루터는 이러한 사탄의 도구로 '열광주의자'를 언급하며 신랄하게 비판한다. '열광주의자'란 1520년대 루터의 종교개혁에 대해 개신교 안에서 발생한 적대 세력으로 칼슈타트(Andreas Bodenstein von Karlstadt)와 뮌처(Thomas Müntzer) 그리고 재세례파 등이 여기에 포함된다. 루터가 이들과 행한 논쟁 주제 중 하나는 성령과 외적인 말씀의 관계이다.[107] 열광주의자들은 '성령의 직접적인 계시'를 주장하며 골방에 들어가서 하나님의 계시를 직접 받으려 하였다.

그러나 루터는 이 열광주의자들이 추구하는 것은 기껏해야 그들 자신의 영이라고 비판하며, 이들의 주장을 다음과 같은 이유로 분명하게 반대했다. 즉 하나님이 원하신 것은 하나님 자신이 '외적인 구원 수단'(말씀/설교와 성례전)을 통해 인간을 깨우쳐 활동하게 하는 것이다.

열광주의자들은 하나님이 제공하신 구원의 수단들(설교와 성례전)을 '육적인 것'으로 가치 폄하하고 영의 우위를 강조하였다. 물론 루터도 성령의 주권과 우위를 부인하지 않았지만 중요한 것은 성령의 역사 방식, 즉 구원의 순서였다. 다시 말해 복음을 들음

---

107  이 주제 외에도 루터와 열광주의자 사이의 논쟁 주제에는 그리스도인의 자유, 율법과 복음의 이해, 세상 당국에 대한 이해, 성찬론 등이 있다.

으로 성령이 선물로 주어지고, 이 성령이 칭의하게 하는 믿음을 갖게 한다는 것이다.

루터는 열광주의자들과의 논쟁에서 외적인 말씀을 강조했고, 성령을 이 외적 말씀인 설교와 연결시켰다. 성령은 외적인 말씀을 통해 활동한다고 루터는 강조했다. 예수 그리스도의 부활 역시 오직 외적인 말씀인 설교를 통해 알려지고 인식될 수 있다는 것이다. 천사들의 설교가 없었다면, 누구도 그리스도의 부활을 알 수 없었을 것이기 때문이다.

## 루터 설교 15

# 말씀이 없다면 빈 무덤뿐

**성서 본문: 그리스도의 부활 역사**

오전 설교에서 우리는 오늘 일어난 사건, 즉 주님께서 죽은 자들 가운데서 부활하신 사실에 대해서 들었습니다. 하지만 이 사실을 단지 역사적인 사실(historia)로 받아들이는 것으로는 충분하지 않습니다. 그리스도의 부활이 사건 자체로만 머문다면, 그것은 아무에게도 유익하지 않습니다. 이 사건은 모든 사람이 자신을 위한 것으로 받아들여야 하는 보물과 선물로 설교되고 인식되어야 합니다.

## 그리스도가 부활하셨다

누군가 당신에게 그리스도께서 당신을 위해 무슨 일을 하셨는지 묻는다면 당신은 어떤 말로든 대답하려고 할 것입니다. 하지만 "그리스도가 오늘 부활하셨다"는 대답보다 더 나아야 합니다. 왜냐하면 그리스도가 부활하셨다는 사실은 사탄도 알고 불경건한 교황주의자들도 곳곳에서 설교하고 있기 때문입니다. 그리스도인은 이것과는 다르게 내답해야 합니다. 그리스도의 부활이 주는 의미를 주제로 삼아야 합니다. 그렇다면 그것은 무엇입니까? 그리스도는 부활을 통해 사탄과 죄와 모든 악을 말살시켜 더 이상 존재하지 못하게 하셨습니다. 그로 인해 사탄은 더 이상 어느 곳에도 머물 수 없고 홀로 남게 되었다는 것입니다. 저는 이러한 내용을 계속 반복하여 설교할 것입니다. 이 내용이 바로 우리 그리스도인의 능력이 되기 때문입니다. 제가 그리스도라면 모든 사도와 설교자에게 이 말씀을 매우 열심히 설교하도록 명령할 것입니다. 왜냐하면 많은 사람이 예수님의 부활 사건을 단지 문자로만 알고 있기 때문입니다. 바로 이런 사람들을 위해 그리스도의 부활 사건은 설교되어야 합니다.

우리는 그리스도의 부활이 법이나 치료약이 아니라 보물과 관련된 것이라고 설교합니다. 그리스도를 이렇게 인정하지 않는 사람은 그리스도를 알지 못하는 것과 같습니다. 그리스도가 하신 일을 선물로 여기지 않는 사람은 그리스도에 관하여 아무것도 모르는 것입니다. 그리스도는 부활을 통해 구원과 죄 사함을 주셨습니다. "그리스도는 우리의 위로가 되실 것입니다"라고 찬양하는 것처럼 말입니다. 그러나 만일 우리가 그리스도의 부활을 통해 무슨 일이 이루어졌는지 알지 못한다면 그리스도는 우리의 위로가 될 수 없습니다. 우리가 그리스도에 대해 단지 "그리스도가 부활하셨다"고 말한다면, 이것은 제가 부유한 제후에 관해 들었을 때 얻는 유익과 같을 뿐입니다. 이것이 제게 무슨 유익이 되겠습니까?

만일 당신이 "그리스도께서 부활하셨다"는 말씀을 읽는다면 여기에 "나는 그리스도와 함께, 당신은 그리스도와 함께"라는 말을 추가하기 바랍니다. 그렇게 하면 그 부활이 우리와 관련이 되고 우리가 그 부활과 관련 있게 됩니다. 이 사실을 배우지 않는 사람은 어떤 것도 배우지 않는 것과 같습니다. 복음의 가르침은 모세와 모든 중세 가톨릭 교사의 가르침과 다릅니다. 이들은 단지 어떻게 살아야 하는가(= 율법)를 가르칠 뿐 우리에게 선물로 주어진 것이 무엇인지(= 복음)에 대해서는 가르치지 않습니다. 여러분은 사탄이 이러한 가르침(복음)에 어떻게 저항하는지 들어 알고 있습니다.

사탄은 모든 것을 참아낼 수 있지만 우리가 그리스도를 선물로 받아들이는 것, 이 한 가지만은 참지 못합니다. 그리스도인은 그리스도가 가지고 계신 모든 것을 소유하고 있습니다. 바울은 이에 관하여 에베소서 2장 19절 이하와 골로새서 2장 10절에서 매우 적절하게 말합니다. 바울은 그리스도가 우리를 위해 행하심으로 교회의 머리가 되신 것과, 그리스도가 부활하신 것은 곧 우리 자신이 부활한 것이라는 사실을 묘사하고 있습니다. 이것이 오늘 설교되는 말씀입니다.

이제 복음서를 한 부분씩 보겠습니다. 말씀은 우리가 이러한 것들을 믿는 것이 얼마나 어려운지를 보여줍니다. 하지만 자신이 죽은 자들 가운데 부활하였고 죽음과 사탄을 이긴 주인이라는 사실을 믿는 자는 모두 왕으로, 심지어 하나님이라고 불립니다. 이것을 믿는 사람은 그것을 증명한 것입니다. 이미 사탄과도 담판을 지은 것처럼 말입니다.

**말씀을 통하여 오는 인식**

만일 하늘로부터 천사들이 내려와 주님의 부활 사건을 선포하지 않았다면 이 사건은 비밀에 부쳐져 누구도 알지 못했을 것입니다. 그런데 부활 사건은 천사들에 의해 지상에서 가장 연약한 존재인 여인들에게 알려졌습니다. 자주 말한 것처럼 설교는 이러한 지식(인식)이 오는 '수레'이자 '도구'입니다. 열광주의자들에 대항하며 외적인 말씀에 대해 많이 말해야 합니다. 열광주의자들은 외적인 말씀을 업신여기고 "성령, 성령, 성령님이 그곳에 계셔야 한다"고 외치기만 합니다. 안타깝게도 그들은 자신도 그리스도께서 고난받아 죽으시고 부활하셨다는 사실을 외적 말씀을 통하여 배웠다는 사실을 잊고 있습니다. 그들이 그리스도의 죽으심과 부활을 외적인 말씀을 통해 듣지 않았고 성서에서 읽지 않았다면, 그들은 이것을 결코 알지 못했을 것입니다. 그들은 이 지식의 다리를 건넜지만 이제 다른 사람들을 넘어뜨리려 합니다.

### 말씀이 없다면 빈 무덤뿐

보십시오! 그리스도는 부활하신 후에 설교 없이도 여인들에게 성령을 주실 수 있었습니다. 그리스도의 부활 사건이 일어난 후 여인들은 무덤에 들어가서 그곳이 비어 있었고 그리스도가 부활하셨음을 깨달았습니다. 그리스도가 부활하신 사건은 분명한 사실입니다. 하지만 여인들과 제자들은 이 사건을 이성에 따라 해석했습니다. 유대인들이 예수님을 가져갔다고 생각한 것입니다. 여기서 우리는 부활 사건이 아무리 명백하더라도 이성이 이 사건에 대해 어떻게 생각하는지를 알 수 있습니다. 말씀이 더해지지 않았다면 무덤은 빈 상태로 남아있을 수밖에 없었습니다. 그리스도는 실제로 부활하셔서 살아 계십니다. 유대인들이 그리스도를 가져간 것이 아닙니다. 부활 사건 자체에는 부족한 점이 없습니다. 하지만 말씀이 없었다면 여인들과 제자들은 그리스도가 탈취당했으며 도둑맞았다고 생각했을 것입니다. 어디에서 성서에 대한 깨달음을 얻게 되는지 생각해 보시기 바랍니다. 가장 경건했던 여인들에게 무엇이 부족합니까? 여인들과 제자들의 마음속에는 잘못된 인식이 없었습니다. 하지만 말씀이 아직 전해지지 않았기 때문에 부활 사건을 이해할 수 없었던 것입니다. 하나님께서는 우리에게 은혜를 주시는데 그의 일과 보물, 즉 우리가 사탄의 주인이라는 사실을 우리를 위해 말씀으로 나타내셨습니다. 말씀이 아닌 다른 방법으로 그리스도를 찾는 사람은 여인들과 제자들처럼 단지 빈 무덤을 발견하게 될 것입니다.

그러므로 성경을 귀하게 여기십시오! 그리스도는 부활하셨을 때 구술로 된 말씀이 먼저 선포되기 전에는 누구에게도 나타나기를 원치 않으셨습니다. 말씀 없이 이루어지지 않도록 먼저 천사들이 하늘로부터 와야 했습니다. 누구도 말씀을 통하지 않고 그리스도를 이해하려 해서는 안 됩니다. 교황주의자들과 열광주의자들은 이것을 반대합니다. 이들은 그리스도의 부활을 전혀 모르는 자들입니다. 그리스도의 부활을 처음 말한 자는 천사입니다. 구술의 말씀이 먼저 와야 합니다. 열광주의자들의 잘못은 그들이 무엇으로부터 그리스도의 부활에 관하여 배웠는지를 생각하는 대신, 성령이 외적인 말씀 없이 직접 말씀하신다는 자기 생각만을 따른다는 것에 있습니다. 이것은 분명 사탄의 짓입니다. 결론적으로 주일 설교나 가정 훈계에서 말씀이 설교되지 않으면, 우리는 결코 그리스도가 어떤 분이신지, 그분이 가져다주시는 보물이 무엇인지를 알지 못할 것입니다.

### 그리스도를 죽은 자 가운데서 찾는 여인들

천사는 다음과 같이 말합니다. "왜 너희는 산 자를 죽은 자들 가운데서 찾고 있느냐?"(눅 24:5). 이것이야말로 복음 설교입니다. 천사들이 이 복음의 설교를 훌륭하게 시작했습니다.

그리스도를 죽은 자들 가운데서 찾지 말라! 그는 부활하셨다. 그는 여기에 계시지 않고 부활하셨다. 그는 죽은 자들 너머에 계신다. 그는 여기보다 높이 되셨다.

율법과 그 세력 아래에 있는 자들은 죽은 자들입니다. 여기에서 그리스도를 찾아서는 안 됩니다. 그런데도 우리의 이성은 우리 자신의 선한 행위를 가지고 그리스도를 찾으려 합니다. 대(大) 그레고리도 이렇게 말했습니다.

여인들은 선한 행위로 그리스도를 찾았습니다. 그러므로 우리도 선한 행위로 그리스도를 찾아야 합니다.[108].

그러나 천사는 말합니다.

너희는 그런 방법으로 그를 찾지 못할 것이다!

천사는 이렇게 찾는 여인들을 꾸짖습니다. 자기 자신의 행위를 신뢰하는 사람에게 그리스도는 죽은 존재이며 부활하지 않은 것이나 다름없습니다. 이런 사람은 스스로 선한 행위를 할 수 있다고 생각하며 그리스도를 돕는 자로 받아들이기를 원하지 않습니다. 그렇기 때문에 천사가 여인들을 꾸짖는 것입니다. 천사는 어떻게 말합니까?

---

108  Gregorius Magnus, Homiliae in Evangelia, 21

나는 그리스도가 부활하셨다고 너희에게 선포한다.

바로 말씀이 그리스도가 죽은 자들 가운데 있지 않고 부활하셨다는 사실을 그녀들에게 알려준 것입니다. 이것이 복음의 설교입니다. 그리스도는 행위가 아닌 말씀을 들음으로 발견될 수 있으며, 묵상이 아닌 설교를 통해서 이루어집니다. 여인들의 행위는 선하지만 그곳에는 말씀이 결여되어 있었습니다. 행위를 통하여 의롭게 되려는 자가 있다면 그는 더욱 심각한 상황에 처하게 될 뿐입니다.

설교는 "그는 여기 계시지 않고 부활하셨다"고 말합니다. 이 믿음의 조항은 일반 사람들을 위한 것이 아니라 그리스도인들을 위한 설교입니다. 저명한 학자들과 왕들조차도 이것을 이해하지 못합니다. 오직 그리스도인들만 이해합니다. 이 설교는 그리스도인들에게 적용되기 때문입니다. 저도 이런 사람들에게 설교하려고 합니다.

**빈무덤과 여인들**

여인들이 바로 그런 부류입니다. 보십시오! 그리스도의 부활은 천사에 의해 여인들에게 설교되어야 했습니다. 남자들이 그리스도의 부활 소식을 듣는 첫 번째 대상이 되지 않도록 말입니다. 설교자는 귀중한 존재입니다. 그에게는 불완전함이 없습니다. 그리스도의 부활하심을 선포한 설교자는 사도가 아니라 바로 하늘의 천사입니다. 천사와 그의 설교에는 부족한 것이 없었습니다. 이처럼 가르치는 우리 임무도 연약하지 않습니다. 천사는 힘과 지혜를 충분히 가지고 있습니다. 이것은 여인들이 말씀을 확신하게 하는 데 필요한 것입니다. 그러나 이 여인들은 가련하고 단순한 학생에 불과합니다. 어리석은 여인들은 무덤 앞에 있는 돌은 생각지 못하고 마치 문이 열려 있는 집에 들어가는 것처럼 생각하면서 향유를 사러 갑니다. 그때 마리아는 말합니다.

어떻게 해야 좋을까? 우리는 문지기들 때문에 아무것도 못 할 거야.

성서는 다음과 같이 말합니다.

남자는 여성보다 신체가 강하고 용기가 많지만 천사들의 이 영광스러운 설교는 가장 연약한 그릇에게 전달되었다.[109]

---

109 참조. 베드로전서 3장 7절.

남자들에게 먼저 선포되지 않았지만 이것은 거룩한 복음입니다. 그리스도의 부활 소식을 들어야 할 이들은 바로 연약한 자들입니다. 이것은 정말 강하고 실패함이 없는 확실한 설교입니다. 기독교의 교사와 가르침에는 부족한 것이 없으나 배우는 학생들은 가련하고 약한 자들입니다. 한 사람을 자신의 최상의 삶으로부터 끌어내 죽은 자들 가운데서 부활하신 분에게만 매달리게 하는 것은 대단한 일입니다. 선포된 말씀은 강력하고 분명하며 확실한 것입니다. 왜냐하면 천사가 전한 것이기 때문입니다. 하지만 막달라 마리아는 막달라 마리아로 머뭅니다. 요한나와 살로메도 마찬가지입니다. 우리는 어린이요, 가련하고 연약한 학생이기에 이러한 가르침이 얼마나 값진 것인지를 판단하지 못합니다. 또한 우리는 선포된 말씀에 대해서 너무 연약하고 터무니없이 어리석게 행동합니다. 큰 위로가 되는 것은 여인들이야말로 복음을 들어야 하며 복음이 선포되어야 하는 대상이라는 사실입니다. 여인들이 약한 만큼 복음이 그녀들에게 먼저 선포된 것입니다.

### 연약함과 강함의 공존

그녀들에게 말씀이 선포되고 설교된 후에 주님은 설교한 대로 몸소 그들에게 나타나십니다. 그 이후 이 여인들은 크고 탁월하며 정복될 수 없는 능력을 갖게 됩니다. 이 능력은 바로 말씀으로부터 주어지며, 이 말씀이 사탄의 모든 공격에 대해 확고하게 맞설 수 있게 합니다. 연약함과 강함, 부와 가난이 동시에 존재하고 서로 뒤섞여 있습니다. 이 복음을 받아들인 자는 막달라 마리아와 같은 여인이기 때문입니다. 그녀는 약하지만, 그녀가 들은 복음의 말씀이 죽음과 죄를 사로잡았습니다. 복음서 저자가 전하고 싶어한 것은 복음이 이런 헤아릴 수 없는 보물을 우리에게 가져다준다는 메시지입니다. 우리가 연약할지라도 그 복음에 저항하지만 않는다면 말입니다.

'마리아'라는 이름은 '바닷물 한 방울'이라는 뜻이고, '막달라'는 '좋고 견고한 성'을 의미합니다.[110] 요한이 그녀의 이름을 막달라 마리아라고 부른 이유가 여기 있습니다. '마리아'는 물이 꽉 찬 큰 통이 아닌 단지 물 한 방울, 즉 아무것도 아닌 듯하지만, 솔로몬이 말한 것처럼(잠 18:10) 커다란 탑을 가지고 있어 매우 강하다는 의미를 동시에 지닙니다. 우리 역시 본래 가련한 물 한 방울과 같은 존재입니다. 이에 비해 사탄은 엘베강 물의 반을 마셔 없앨 수 있을 정도의 한 무더기 혀를 가지고 우리에게 다가옵니다. 하지만 그는 우리를 해칠 수 없습니다. 거기에는 견고한 탑이 있기 때문입니다. 우리는 연약하여 스스로를 지탱할 수 없습니다. 하지만 천사가 전

---

110  참조. Hieronymus, De nominibus Hebraicis (PL 23:789).

하는 말씀에는 능력이 있습니다. 이 말씀이 바로 연약한 우리를 지탱케 합니다. 그러므로 우리는 말씀에 머물도록 힘써야 합니다. 다른 마리아는 야고보의 어머니(보호받는 자)와 살로메(평화의 근원)입니다(마 28:1; 막 16:1). 모든 이름은 그들의 성향과 관련되어 있습니다. 성령님의 인도하심은 결코 헛되지 않습니다. 그녀들은 가장 연약한 학생들이지만 동시에 가장 강한 자들이었습니다.

우리는 부활이 약한 자들에게 일으키는 역사가 무엇인지를 알아야 합니다. 복음은 여인들에게서 먼저 시작되었으며 그런 후에 사도들에게도 전해졌습니다. 복음은 이성으로 이해하기 어렵습니다. 만일 성자 바바라(Barbara)를 위해 금식하라고 말한다면 누구나 쉽게 이해할 것입니다. 그러나 당신이 행하는 모든 공로가 순전히 어리석은 여인들의 행위에 불과하다고 말한다면 누구도 이해하지 못할 것입니다. 여인들은 주님께 와서 기름을 바르려 했으나, 사람들은 거기서 주님을 발견하지 못했습니다. 세상은 우리가 기름을 바르고 그 밖의 행위로 준비한 모든 것이 가치 없다는 사실을 도저히 참지 못합니다. 그러므로 천사는 말합니다. "어찌하여 너희들은 산 자를 죽은 자들 가운데서 찾느냐?" 다시 말하면 다음 같은 의미입니다.

그리스도는 살아나셨다. 그를 의지하라! 내가 그것을 선포했다.

## 오직 그리스도

우리의 적대자들도 그리스도가 죽은 자들 가운데서 부활하셨고, 특히 바울이 말한 것처럼(롬 4:25) 우리를 위해서, 우리의 의를 위해서 이 일을 행하셨다고 선포하기는 합니다. 하지만 그들은 다음 결론을 거부합니다.

그리스도가 부활로써 우리를 죄와 죽음과 사탄으로부터 자유하게 하신 것이 사실이라면, 나는 스스로 그 일을 행할 수 없음이 확실합니다. 또한 하나님과 화해하기 위해 성직자가 죽은 사람을 위해 드리는 미사나 수많은 행위는 필요하지 않습니다.

그들은 이 사실을 받아들이기보다 "당신은 자신의 역할을 해야 합니다"라고 말합니다. 그러나 바울은 여러분에게 그리스도인의 자유를 가르쳤습니다. 그리스도가 저의 죄를 친히 담당하셨다면 저는 그 죄를 떠맡을 필요가 없습니다. 오히려 제가 그 죄를 스스로 떠맡는다면 그리스도는 그 죄를 결코 담당하지 않으실 겁니다. 그리스도가 우리의 도움이 필요한 존재라면 그는 가련한 동료이고, 우리는 다른 그리스도를 원할 것입니다. 그러나 그들은 바울이 가르치는 이러한 결론을 참지 못합니다. "만일 그리스도가 나의 죄들을 가져갔다면 무엇 때문에 수도원에 들어가고 카르투지오회의 수도사가 되려고 하는가?"라는 물음에 그들은 다음과 같이 말할 것입니다.

나는 미사를 드렸고 이런저런 좋은 일을 행하였는데, 이런 것들이 모두 전혀 가치 없다는 것입니까?

이것은 그들이 단지 그리스도의 부활을 외적으로만 말하면서 찬양하고 있다는 표시입니다. 당신이 수도원에 머무르면서 금식, 축일, 단종 성배에 관한 교회의 가르침을 지키지 않는다면, 그들은 당신을 저주받은 자라고 말할 것입니다. 그러면서 그들은 그리스도의 부활을 설교합니다. 이것이 어떻게 서로 이치에 맞습니까? 하나님께서 살인하지 말라는 계명과 다른 여러 계명을 주셨는데, 제가 그런 계명들을 다 지켰다고 해도 그 때문에 구원받는 것은 아니라고 대답하려는 것입니다. 그런데 왜 당신은 단종 성배나 그 외 여러 계명을 지키면 구원받을 것이라고 가르칩니까? 그리스도만이 우리를 도우실 수 있고 그리스도 외에는 아무것도 도움이 되지 않습니다. 만일 제가 순종의 행위나 인간의 제도들을 통하여 구원받을 수 있다면 저는 그리스도에게 휴가를 드리고 싶습니다. 그러나 사람들은 그리스도만이 구원의 길이라는 복음에 대해 참고 들으려 하지 않습니다.

우리는 외적인 삶이 정직해야 한다고 가르치지만 이것을 통해 의롭다함을 받는다고 가르치지는 않습니다. 만일 당신이 수도사가 되려고 한다면 아무도 당신을 가로막지 않을 것입니다. 그러나 당신이 성직자의 모자로 당신의 죗값을 치르려 한다면, 당신이 찬양하고 설교하는 그는 과연 무엇을 행하신 것인가요? 그리스도는 우리 죄를 위해 죽으셨습니다(롬 4:25). 그들은 이러한 결론을 참지 못합니다. 사도 바울은 그리스도께서 부활하셨다는 사실을 믿지 않는 사람은 아직 죄 속에 갇혀 있다고 하였습니다(고전 15:17). 여러분이 그리스도의 부활 이외의 방법, 가령 부모에게 순종함으로 죄에서 벗어나려고 한다면 그것은 불가능합니다. 오직 그리스도의 부활만이 이 일을 할 수 있습니다. 어떤 사람이 정직한 시민으로 살아서 천국에 갈 것이라고 한다면 그는 요술로 이루어진 하늘나라에 가야 할 것입니다. 이 가르침은 거룩한 신분, 신도, 단체, 순례와 인간의 다른 모든 행위에 관한 모든 설교를 파괴합니다. 인간의 모든 행위는 막달라 마리아가 행한, 선하지만 어리석은 행위로 여겨집니다. 그녀는 향유로 가득한 병을 가지고 갔으나 천사로부터 다음 말을 들어야만 했습니다.

주님을 죽은 자 가운데서 찾는 너는 어리석다. 너는 그를 산 자들 가운데서 찾아야 한다. 그런데 너는 어디로 가야 할지 모르고 있다.

물론 우리는 사랑스럽고 거룩한 여인들의 행위를 칭찬해야 합니다. 하지만 그들은 하나님과 세상, 자신, 그리고 심지어 천사들 앞에서 어리석게 행한 것입니다. 그들의 의도와 행위는 좋았지만 이것은 그들이 말씀을 듣게 될 때까지는 아무것도 아니요, 그 말씀을 받아들이기 전까지는 그들 자신만 성가시게 할 뿐입니다. 하지만 선포된 말씀을 들은 후에 그들은 향유를 잊고 자신의 고정관념에서 벗어나 강하게 되었습니다.

모든 설교자가 이 가르침을 바르게 다루었으면 좋겠습니다. 설교자 대부분은 강단에 서서 무엇을 말해야 할지 모릅니다. 저는 아직도 이런 절망적인 생각에서 벗어날 수 없습니다. 그리스도의 부활에 대한 설교는 확실하지만 이것을 듣는 학생들이 연약하다는 사실 역시 변함이 없습니다. 이것은 우리에게 위로가 되며 우리가 절망하지 않는 이유이기도 합니다.

## 설교 해설

이 설교는 1529년 3월 28일 부활주일 오후에 선포된 것이다. 루터는 1529년 고난주간과 부활절 주간에 열여덟 번 설교했다. 이 주간의 설교들은 두 가지 점에서 의미가 있다. 첫째, 루터의 설교 행적 관점에서 볼 때 가장 많은 설교(고난 설교 11편, 부활절 설교 7편)이면서 이 기간에 행한 모든 설교가 우리에게 전해지고 있다. 그래서 이 설교들을 통해 그리스도의 고난과 부활에 관한 루터의 신학을 상세하게 살펴볼 수 있다. 둘째, 1529년 루터의 설교들은 세 필사본(때에 따라 네 필사본)을 통해 전승되었다.[111] 따라서 이 필사본을 서로 비교 분석함으로 루터가 강단에서 구술로 선포한 설교의 본래 모습을 추측하는 것이 어느 정도 가능하다. 이 필사본들은 루터가 설교할 때 강단 밑에서 직접 듣고 받아썼거나 이것을 기록하고 첨가하고 자세하게 보충하여 나온 것이다.

루터에 따르면 그리스도의 '부활 사건'과 이 부활 사건을 말씀을 통해 선포하는 '말씀 사건'은 서로 뗄 수 없는 밀접한 관련이 있다. 그리스도의 부활 사건과 부활 선포의 말씀 사건은 동일하다는 말이다. 부활에 관한 말씀은 항상 복음이고, 복음의 내용은 항상

---

[111] G. 뢰러, 포악(Andreas Poach, 1515-1585), 뉘른베르크, 코펜하겐 사본이다. 필사본 외에 인쇄된 설교들도 있다.

부활에 관한 것이다. 루터는 부활에 관한 가르침을 아는 자가 그리스도인이라고 말한다. 그리스도의 부활 사건은 분명 우리 구원의 근거이기 때문이다. 하지만 이것이 우리를 위한 구원의 실재가 되기 위해서는 그리스도의 부활이 설교 되어야 한다. 그럴 때 부활 사건은 비로소 '우리를 위한' 부활이 되는 것이다. 부활 사건은 우리를 위한 보물과 선물이란 사실이 선포되어야 이것을 듣고 그리스도의 부활에 대한 믿음이 생기기 때문이다.[112]

또한 루터는 그리스도의 부활이 가져다주는 유익에도 관심을 기울인다. 그리스도의 부활은 감추어진 것이기에 설교가 없다면 어떤 영향력도 끼치지 못한다. 그리스도의 부활 사건은 "문자적으로 말해지고 말로 전해질 때 깨달아지고 이해되며 믿어질 수 있다". 그러므로 그리스도 부활의 열매와 유익 역시 설교와 밀접한 연관성을 가진다.

루터에게 있어 그리스도 부활의 유익은 선포된 말씀의 실재성, 즉 설교된 것처럼 부활하신 그리스도가 나타나신다는 사실과 관련된다. 루터는 부활하신 주님이 도마에게 나타난 사실을 근거로 (요 20:25) 설교된 말씀의 실재성을 강조한다. 설교된대로 부활하신 그리스도의 나타나심이 없었다면, 부활하신 그리스도에 관한

---

[112] 이에 관한 설교로 "부활의 방해자, 사탄" 참조.

말씀은 공허한 것에 불과했을 것이다. 그리스도는 우리가 말씀을 들을 때 우리 마음속에 들어오시며 마음을 움직이신다. 설교 되는 어느 곳에서나, 어느 순간에나 그리스도는 찾아오시며 함께 하신다. 루터는 성경의 예를 근거로 말씀이 그리스도를 동반한다는 사실을 증명한다. 막달라 마리아는 부활하신 그리스도에 관한 설교를 들었으나 그것을 믿지 않았다. 그런데도 이미 선포된 말씀(설교) 때문에 그리스도는 그녀에게 나타나셨다. 루터는 마리아 고지(告知)를 근거로 능력을 가져다주는 믿씀에 대헤 묘사한다. "마리아가 이러한 말씀을 듣고 붙잡고 믿었을 때 그리스도는 이러한 말씀으로 그녀의 마음과 육체에 오셨다." 그리스도는 말씀을 듣고 믿는 자에게 말씀대로 하시는 분이다.

## 루터 설교 16

# 설교자의 모범 되신 예수님

성서 본문: 마태복음 5장 1-2절

### 설교자가 갖추어야 할 요소

"예수께서 무리를 보시고 산에 올라가 앉으시니 제자들이 나아 온지라. 입을 열어 가르쳐 가라사대"(마 5:1). 여기서 복음서 기자 는 그리스도께서 설교에 대해 취하신 태도를 멋지게 묘사하고 있 습니다. 그리스도는 산에 올라가 앉으시고 말씀하셨습니다. 여기 에는 훌륭한 설교자가 되기 위해 필요한 요소 세 가지가 담겨 있습 니다. 먼저, 좋은 설교자는 공적으로 직무가 부여된 자이어야 합니 다. 둘째, 입을 열어 무엇인가를 말해야 합니다. 셋째, 스승이나 설 교자의 자세를 취하되 스스로 하는 것이 아니라 부르심을 받은 자처럼 행할 수 있어야 하고 또한 그렇게 해야 합니다. 이것은 설교자가 의무와 순종으로 마땅히 해야 할 일입니다. 그래서 설교자는 "나는 개인적 목적을 이루기 위해 내 의지로 온 것이 아니라 주어진 직무를 수행하기 위해 온 것이다"라고 말할 수 있어야 합니다.

### 공적인 지위에서 설교하라

이것은 지금까지 우리에게 그토록 많은 수고와 고통을 안겨주었고 여전히 안겨주고 있는 자들을 향한 메시지입니다. 전국을 이리저리 배회하는 불량배들과 열광주의자들은 목사와 임직자, 그리고 정부 관료들이 알아채기 전에 사람들을 현혹하여 한 가정씩 차례로 파멸시켜 하나의 도시를 시작으로 전국을 어지럽게 합니다. 이러한 위선자들과 유랑자들을 막기 위해, 설교하도록 임명받지 않았거나 직무를 부여받지 않은 자가 설교하는 일을 허락해서는 안 됩니다. 설령 한 설교자가 (자신이 위탁받지 않은) 가톨릭교회나 다른 교회에서 사람들을 잘못된 길로 이끄는 거짓 설교자의 설교를 듣는다고 해도, 그에게 대항하여 설교해서는 안 됩니다.[113] 여기저기 집집마다 다니면서 개인적으로 독방 설교를 해서도 안 됩니다. 자기 교회에 머무르며 자신의 임직이나 설교의 강단에 설

---

113 어떤 설교자도 위탁받지 않은 교회에서는 설교하려고 해서는 안 된다는 의미이다.

기회를 기다려야 합니다. 공적으로 강단에 서기를 원하지 않거나 할 수 없는 경우에는 침묵해야 합니다.[114]

왜냐하면 하나님은 직무가 없는데도 숨겨진 장소와 독방, 집 등 공적으로 부름받지 않은 곳에서 배회하며 설교하는 것을 원치 않으시기 때문입니다. 사도 바울도 하나님으로부터 사도로 부르심을 받았지만 다른 사도들이 이전에 설교한 곳에서는 설교하지 않으려 했습니다(롬 15:20). 오늘 본문에 보면 그리스도 역시 공개적으로 산에 오르심으로 설교 사역을 시작하셨습니다. 그리고 제자들에게 다음과 같이 말씀하십니다.

> 너희는 세상의 빛이라. 산 위에 있는 동네가 숨기우지 못할 것이요. 사람이 등불을 켜서 말 아래 두지 아니하고 등경 위에 두나니 이러므로 집안 모든 사람에게 비치느니라(마 5:14-15).

설교의 임무와 하나님 말씀은 태양처럼 빛나야 하지, 술래잡기하듯 어두운 데서 몰래, 내지는 음모를 꾸미듯이 행해서는 안 됩니다. 밝은 낮에 행해야 하고 설교자와 청중 모두 정당하게 가르침을 <u>받아야 하며 부여받은</u> 직분에 대한 확신 속에서 행해야 합니다.

[114] 루터는 우선 새로운 복음적인 설교운동의 자유로운 진행을 막지 않았지만(이것을 통해 주로 그의 가르침이 전파되기 때문에), 점점 더 이러한 운동을 (자신의 추종자들에게서조차) 제한하고 공적인 당국에 의해 인정된 설교 위탁을 의무로 삼아야 할 필요성이 있음을 깨닫게 되었다.

당신도 그렇게 행하십시오! 직무를 가진 당신에게 설교하라는 부탁을 받았다면 공개적으로 아무도 두려워하지 말고 해야 합니다. 그럴 때 그리스도와 더불어 "내가 드러내어 놓고 세상에 말하였고 … 은밀하게는 아무것도 말하지 아니하였다"(요 18:20)고 자랑할 수 있게 됩니다.

다음과 같이 질문하는 자들이 있을 것입니다.

그렇다면 누구도 공개적이지 않으면 아무것도 가르쳐서는 안 된다는 것인가? 가장이 가정에서 하인들에게 설교하거나, 그들에게 낭독해 주는 학생이나 다른 누구를 집에 두어도 안 된다는 말인가?

물론 그것은 적절한 것이며 바른 공간과 장소에서 이루어진 것입니다. 왜냐하면 모든 가장은 자녀와 하인들을 훈계하고 가르치며 가르침을 받도록 할 의무가 있기 때문입니다. 그는 가정에서 목사이자, 주교이며 가족 구성원이 배우는 것을 감독하고 그들에 대하여 책임을 지도록 위임받았습니다. 그러나 당신의 가정 밖에서 이를 행하려 하거나 다른 가족과 이웃에게 강요하는 것은 잘못입니다. 이와 마찬가지로 어느 위선자가 당신의 집에서 위임받지 않은 설교를 하려고 한다면 허락해서는 안 됩니다. 누군가 집이나 도시에 오면 공적인 사람이라는 증거나 위탁을 받았다는 인장 또는 편지를 제시하도록 요구해야 합니다. 성령을 받았다고 자랑하며 이 사실을 이용하여 이집 저집으로 다니는 부랑자를 믿어서도 안 됩니다. 결론적으로 복음이나 설교 직무는 독방에서가 아니라 높은 산 위에서 공개적으로 들려지도록 해야 합니다. 이것이 마태가 보여주려고 한 첫 번째 사실입니다.

### 사람을 두려워하지 말고 진리만을 선포하라

두 번째 사실은 그리스도가 입을 여셨다는 것입니다. 이것 역시 설교자의 임무에 속합니다. 설교자는 입을 닫고 있으면 안 됩니다. 또한 단순히 모든 사람을 침묵하게 하거나, 하나님의 권리와 명령을 부여받은 사람으로 직무를 공적으로 수행하기만 해서도 안 됩니다. 그는 오히려 힘 있고 확신에 찬 자세로 입을 열어 자신에게 위탁된 진리를 설교해야 합니다. 그는 침묵하거나 불분명하게 웅얼거려서도 안 되며 놀라거나 수줍어하지 말고 증언해야 합니다. 설교의 대상이 누구이든, 그 설교 내용이 무엇이든 차별하지 말고 솔직하게 말해야 합니다.

설교자가 사람들이 듣기 좋아하는 것이나 듣기 싫어하는 것, 또는 자신의 인기를 빼앗거나 자신에게 폐해와 위험을 초래할 수 있는 것을 고려하거나 그것을 염려한다면, 이것은 설교자에게 매우 큰 장애물이 될 것입니다. 예수님이 산 위 공개적인 장소에 높이 서서 어떤 것에도 얽매이지 않고 사방을 둘러보셨듯이 설교자도 어떤 부류의 사람들을 대하더라도 자유롭게 말해야 하며 누구도 두려워해서는 안 됩니다. 그는 입에 어떤 장애물을 가져서도 안 됩니다. 군주들과 대지주들의 기쁨이나 노여움을 고려해서는 안 되고, 돈이나 부, 인기나 권력, 치욕과 가난, 그리고 손해 등 그 어떤 것에도 구애받아서도 안 됩니다. 그는 직무가 요구하는 대로 말해야 합니다. 그가 거기 서 있는 바로 그 이유 이외에 다른 것을 생각해서는 안 됩니다.

## 부르심에 합당하게 선포하라

그리스도가 설교의 직무를 수립하고 제정하신 것은 돈과 재산, 인기와 명예, 그리고 우정을 얻거나 유익을 얻기 위함이 아닙니다. 오히려 진리를 공적으로 자유롭게 선포하여 악을 처벌하며, 영혼을 유익하고 건강하게 하며 영혼을 구원하도록 하기 위한 것입니다. 하나님의 말씀은 집에 있는 하녀나 하인이 어떻게 일해야 하고 밥벌이를 해야 하는지, 또는 시장(市長)이 도시를 어떻게 다스려야 하는지, 농사꾼이 어떻게 경작하고 건초를 만들어야 하는지를 가르치기 위한 것도 아닙니다. 하나님의 말씀은 이생의 삶을 보존하게 하는 이 세상의 재화들을 주거나 보여주지 않습니다. 그러한 것은 이미 이성이 가르쳐주기 때문입니다. 하나님의 말씀은 이 생명이 끝나게 되면 우리가 머무르며 살 곳이 어디인지 알도록 합니다. 우리가 어떻게 다른 세상의 삶에 이르게 되는지를 가르쳐 주려고 합니다. 또한 우리가 관심을 가져야 하는 저세상의 삶을 놓고 마치 여기에서 영원히 머물 수 있는 것처럼 행동해서는 안 되는 이유에 관하여 설교합니다.

그런데 이런 것들에 대해 설교하면 논증과 싸움이 시작됩니다. 세상이 이것을 감당할 수 없기 때문입니다. 만일 설교자가 자신의 배를 채우려고 하고 세상의 삶을 더 좋아한다면 그는 자신에게 맡겨진 직무를 수행하지 않는 것입니다. 그는 강단에 서서 재잘거릴 수 있겠지만 진리를 설교하는 것이 아니며, 입을 진정으로 여는 것 또한 아닙니다. 고난이 오면 그는 입을 열어 설교하는 것을 중단하고 고난에 맞서지 않을 것입니다.

이렇게 마태는 화려한 서론을 서술하였습니다. 참 설교자이신 그리스도가 산에 올라가 단호하게 입을 열어 진리를 가르치시고, 거짓 가르침과 거짓된 삶을 처벌하시는 것에 관한 내용입니다.

## 설교 해설

　루터는 1530-1532년 주간에 산상수훈(마 5-7장)에 관하여 설교하였는데, 1530년 11월부터 1532년 4월까지 북독일의 종교개혁을 위해 부재중인 부겐하겐을 대신한 것이다.
　비텐베르크 시립교회에서는 1526년부터 수요일에 마태복음 강해가 이루어졌다. 이 사실은 루터의 『독일어 미사와 예배의 규정』(1526), 그리고 1528년과 1533년 비텐베르크의 시찰보고서를 통해 알 수 있다.
　이 설교는 마태복음 5장 1-2절을 본문으로 예수님이 산에 올라 취하신 모습에서 '바람직한 설교자의 모습'을 다루고 있다. 루터는 특히 당시 열광주의자들이 공적인 위탁을 받지 않은 채 은밀히 다니면서 설교하는 행태들을 염두에 두고 비판한다. 설교의 공적인 위탁과 청중의 눈치를 보지 않고 진리만을 확고하게 선포하는 설교자의 직무가 강조된다.

# V
# 고난의 의미

보름스의 종교개혁자 동상

**루터 설교 17**

# 세상에서는 환난을, 그리스도 안에서는 평안을

성서 본문: 요한복음 16장 33절

### 홀로 남으신 그리스도

오늘 말씀에서 주님은 제자들이 가진 믿음을 참된 믿음이라고 인정하십니다. 그러나 주님은 제자들이 자신을 이해하지 못하고 홀로 내버려 둘 것이라고 말씀하십니다. 이렇게 사람들은 다정스러운 주님을 떠나 그분을 홀로 남게 합니다. 심지어 제자들과 같이 가장 사랑스러운 친구들 역시 주님을 배반합니다.

그리스도를 가장 사랑하고 그의 십자가를 함께 지기를 원했으나 그렇게 할 수 없는 자들에 의해 그리스도가 홀로 남겨지게 된 것은 진실로 가슴 아픈 일입니다. 이 말씀이 기록된 이유는 우리가 그것을 배우도록 하기 위함입니다. 이것은 이별을 뜻하며 그리스도가 이 설교에서 말하려 하는 가장 중요한 말씀입니다. 그리스도는 이를 통해 그들에게 뜻깊은 이별을 하고 계십니다. 지금부터 이 말씀에 대해 생각해 보겠습니다.

여기에 금으로[115] 써야 할 말씀이 있습니다. 누구도 다른 말씀을 추구해서는 안 됩니다. 다른 어떤 것도 안 됩니다.

이것을 너희에게 이름은 너희로 내 안에서 평안을 누리게 하려 함이라. 세상에서는 너희가 환난(걱정/두려움)을 당하나 담대(안심)하라. 내가 세상을 이기었노라(요 16:33).

여러분이 그리스도인이 되려고 한다면 여기서 언급된 것과 같은 일이 일어나야 합니다. 즉 슬픔과 고통이 찾아옵니다. 그런 상황에서 여러분이 어떤 태도를 취하고 무엇으로 위로를 받아야 하는지를 설교하려고 합니다.

---

115  원문에는 '헝가리산 금'으로 되어있다.

## 그리스도인이 겪는 환난

환난에는 많은 종류가 있습니다. 이교도와 우리 그리스도인이 동일하게 겪는 환난들이 있습니다. 여러 가지 위험, 식량 부족, 아내가 죽는 것, 페스트와 전쟁, 다리가 부러지는 일 등입니다. 이런 어려운 상황들은 우리만이 아니라 이교도 역시 겪습니다. 그들도 세상에는 환난뿐이라고 말합니다. 이 세상의 삶을 고난의 골짜기라고 고백합니다. 그러므로 많은 사람들은 인간에게 더할 나위 없이 가장 좋은 일은 태어나지 않거나 태어나서 곧 죽는 일이라고 결론 내립니다.

이런 상황에서 우리 그리스도인에게는 이성적으로 이해하기 어려운 말씀이 있습니다. 이교도들에게는 위로나 평안이 없으나 그리스도인들은 "나는 그리스도 안에서 평안을 누린다"고 말할 수 있다는 사실입니다.

이교도들도 우리 그리스도인과 마찬가지로 위험과 환난을 겪지만, 그리스도인들은 그들과 다른 환난을 당합니다. 이교도들은 순종하면 세상이 그들을 그냥 둡니다. 누구도 이교도들의 재산과 건강 그리고 명예를 빼앗지 않습니다. 그러나 그리스도인은 다릅니다. 사람들은 그리스도인이 평안하게 살도록 내버려 두지 않으며 그를 존경하지도 않습니다. 만일 터키인(이슬람교도)들이 그리스도인을 괴롭히지 않는다면, 사탄이라도 그리스도인을 가만히 두지 않을 것입니다.

### 이중적 불행에 처한 그리스도인

그러므로 그리스도인들은 일반적인 십자가와 그리스도인 자신의 십자가라는 이중의 불행을 갖습니다. 당신이 그리스도인이기를 원한다면 일반적인 십자가 외에 그리스도인에게 해당하는 십자가 역시 각오해야 합니다.

사탄이 그리스도인을 보는 순간 자신에게 닥칠 죽음과 고난을 보게 됩니다. 그러므로 사탄은 자신이 가진 모든 것을 이용하여 그리스도인을 죽이려 합니다. 사탄이 세례 요한에게 했던 것처럼 당신의 생명과 재산을 빼앗지 않는다고 해도 당신은 사탄에게 시달려야 할 것입니다. 이런 이유로 그리스도인은 평안을 가질 수 없습니다.

여러분에게 불행이 계속 뒤따르며 사탄이 마음을 악한 양심과 죄로 이끄는 것을 느낀다면 "세상에서 너희는 환난을 당한다"는 그리스도의 말씀을 생각하시기 바랍니다.

사탄이 여러분을 평안하게 하고 제후들이 여러분을 존경하며 모든 것들이 충분하고 아무도 당신을 미워하거나 박해하지 않는다면, 이것은 세상적으로 좋은 일입니다. 그러나 그리스도인은 그렇게 되어서는 안 되고 오히려 세상 전체가 당신의 적이 되어야 합니다. 세상이 당신에게 친절하게 말을 건넨다고 해도 세상은 그런 의도를 가진 것이 아닙니다. 사탄과 많은 군중이 당신의 적이 되어야 하며 이에 더하여 당신이 소유하고 있는 모든 것은 위험에 처해야 합니다. 다시 말해 "세상에서는 너희가 환난을 당한다"는 말이 유효해야 합니다.

### 담대할 이유

우리가 그리스도는 거짓말쟁이가 아니라고 믿는다면, 불행이 우리에게 닥칠지라도 우리는 만족할 수 있을 것입니다. 그리스도는 "내 안에서 너희가 평안을 누린다"고 말씀하는데 왜 그럴까요? 그리스도가 "담대하라(안심하라). 내가 세상을 이기었노라"고 말씀하시기 때문입니다. 주님께서 이것을 말씀하신 것은 우리가 주님 안에서 평안을 갖도록 하기 위함입니다.

'담대하라'는 말은 기이한 말씀입니다. 저는 이렇게 말하고 싶습니다.

당신은 제게 담대하라고 하십니다. 당신은 세상을 이기셨습니다. 하지만 어떻게 제가 담대할 수 있습니까? 저는 죄를 가지고 있고 가난 속에서 삽니다. 사탄이 저를 발로 짓밟고 있습니다. 저는 하나님의 심판을 각오해야 합니다. 제가 이런 상황 속에서도 담대해야 합니까?

그리스도께서 "너희가 세상을 이겼노라"고 말씀하시는 것은 정말 좋은 일입니다. 그러나 이제 주님은 이렇게 말씀하십니다.

너희가 세상으로부터 환난을 당하면 담대하라.

여기서 그리스도께서 우리에게 말씀으로 분명하게 자신의 승리와 능력을 선물로 주시는 것을 볼 수 있습니다. 그리스도가 나의 승리가 아니라면 어떻게 내가 위로를 받을 수 있겠습니까? 따라서 우리는 마음을 굳게 해야 합니다. 사탄으로 하여금 모든 재산(건강과 재물)을 갖게 하십시오. 그렇게 해도 사탄은 그리스도를 아래로 밀치지 못할 것입니다. 사탄은 결국에는 그리스도를 보좌에 앉게 하여 그가 지배하시도록 해야 할 것입니다.

### 그리스도인의 선물

다음 말씀은 말할 수 없을 정도로 아름다운 구절이요, 복음서에서는 비교할 만한 것이 없는 말씀입니다. 즉 그리스도가 자신의 모든 것을 우리에게 선물로 주신다는 내용입니다. 사탄은 이 세상의 제후입니다. 그는 당신의 적대자요, 당신과 세상은 사탄에게 굴복되어 있습니다. 하지만 위로가 되는 것은 당신은 당신 안에서가 아니라 그리스도 안에서 위로를 받아야 한다는 사실입니다. 우리가 비록 패배해도 그리스도는 아직 패한 것이 아니며, 그는 사탄의 무기와 페스트에 의해 죽지 않으셨다는 것입니다. 이것이 우리에게 위로가 되며, 이것을 믿을 수 있다면 바르게 믿고 있는 것입니다.

세상은 그리스도를 지배하려 하고 그리스도와의 싸움에서 이기려 합니다. 그 일이 그리스도에게 일어났습니다. 십자가에서 죽고 업신여김을 받은 그리스도는 패배하였고, 그의 모든 가르침과 행위의 의미는 사라졌습니다. 그는 저주받은 악한 사람으로 십자가에 매달리셨습니다.

그럼에도 불구하고 그리스도는 이기셨습니다. 그가 고난 속에 있었다는 사실에서 이기신 것입니다. 그래서 그리스도는 "담대하라. 내가 세상을 이기었노라"고 말씀하십니다. 환난과 고난을 겪을 때 그리스도를 바라보라는 말씀입니다. 그러면 분명 승리하게 될 것입니다. 또 그리스도는 다음과 같이 말씀하십니다. "내가 살았고 너희도 살겠음이라"(요 14:19). 이 말씀은 다음과 같은 뜻입니다.

너희에게 일어나는 일임에도 불구하고 그것은 너희에게 지속되지 않을 것이다. 너희 또한 살 것이다.

우리에게 다가와 우리를 잡아먹을 듯한 죽음이 우리를 이기지 못할 것이라는 사실을 주님은 이해하도록 하십니다.

### 그리스도에게 매달려라

그리스도께서 세상을 이기심으로 우리에게 평안하며 담대하라고 명하신 사실을 여러분의 마음속에 금으로 새기십시오! 여기서 그리스도는 우리를 우리의 행위로부터, 세상이 주는 평안과 위로로부터 떼어내 자기 자신에게 매달리게 하십니다. 피할 곳이 없을지라도, 나와 내 곁에 평안이 없어도, 나는 그리스도에게 있는 위로를 알며 그리스도가 죽지 않고 굴복하지 않으며 절망하지 않는

한, 나 역시 절망하지 않고 굴복하지 않을 것이라고 말할 수 있게 됩니다.

자기 자신으로부터 그리스도에게 건너뛸 수 있는 것이 참된 믿음입니다. 이 일이 이루어지면 위로가 뒤따라옵니다. 이것을 경험하지 못한 사람은 이 말씀이 얼마나 달콤하고 적절한지 이해하지 못합니다. 사람이 위험에 처하게 되면 이러한 기술에 대해 알지 못하기 때문에 허둥대며 고함치는 것을 보게 됩니다. 이런 사람이 얼마나 세상을 이기겠으며 세상에서 주님이 주시는 평안을 얻겠습니까! 제후들이 제멋대로 하는 것을 막을 수만 있다면 저는 세상에서 평안하며 세상을 이겼을 것입니다. 하지만 그런 일은 일어나지 않습니다. 그리스도는 이 부분에 대해 오히려 "너희가 세상에서 평안을 갖지도, 또한 세상을 이기지도 못할 것이다"라고 말씀하십니다. 만일 당신에게 이러한 영적 시련이 닥치면 그것이 온전히 금같이 귀한 말씀임을 기억하시기 바랍니다. 당신이 무엇을 경험하든 세상에 대한 두려움을 가질 수 있습니다.

그런 당신에게 그리스도에게 매달리라고 권고합니다. "이것을 너희에게 이름은 너희로 내 안에서 평안을 누리게 하려 함이라"는 충고를 받아들이시기 바랍니다. 저는 이것을 한두 번 경험했습니다. 만일 누군가에게 "그리스도에게 애원하라"고 말하면 그에게는 그것이 단지 가슴 아프고 상처되는 일이 될 수 있습니다. 그러나 이것을 경험하자마자 그는 고난 당한 것을 후회하지 않게 될 것입니다.

**환난 속에 맛보는 평안**

자신의 고난에서 벗어난 후 영적인 시련을 높이 찬양하며, 이것을 세상의 모든 보화보다 높이 평가하는 자들을 보았습니다. 또한 스스로 자유로울 수 있었으나 후에 더욱 심한 위험에 빠져 그 안에서 멸망당하는 자들도 보았습니다. 바라건대 모든 사람이 이러한 시련을 충분히 배웠으면 좋겠습니다. 이것은 우리의 영혼에 도움이 됩니다. 특히 영혼의 마지막 순간에 도움이 될 것입니다.

그리스도인이 세상에서 환난을 당하는 것은 분명한 사실입니다. 당신은 육체, 세상, 혹은 사탄, 아니면 이 셋 모두를 동시에 느껴야 합니다. 그럴 때 "세상에서는 너희가 환난을 당한다"라는 말씀이 사실이 됩니다. 환난이 당신에게 닥치면 "이것은 그리스도이다"라고 말하기 바랍니다. 이때 그에게 도움을 구하면 그것은 마치 "나는 더 이상 세상에서, 그리고 삶 가운데 머물기를 원치 않는다"고 말하는 것과 같습니다. 만일 당신이 살려고 한다면 고난과 세상을 더불어 겪으십시오!

당신은 어디에서 평안을 얻을 수 있습니까? 그리스도를 바라보십시오! 그리스도께서 "마음 중심으로부터 나를 꼭 붙잡으라"고 말씀하십니다. 비록 내가 이미 환난 가운데 있고 의기소침하여 인생의 가장 밑바닥에 내려앉아 있을지라도 그리스도는 더 이상 그 아래에 계시지 않다는 것을 기억하십시오. 우리도 그곳에서 벗어나게 될 것입니다. 이러한 귀한 말씀이 매우 보잘것없는 것처럼 인정되는 것은 안타까운 일입니다. 우리는 이 말씀을 마치 동화처럼 읽으며 이 말씀이 오직 사도들에게만 말해진 것으로 생각합니다만, 이 말씀은 우리에게도 적용됩니다.

**환난과 함께하는 위로**

그리스도인은 늘 새로운 박해를 받아야 합니다. 하나의 박해가 지나가면 그리스도인은 "이제 나는 평안을 가지게 될 것이다"라고 말합니다. 그렇지만 곧 새로운 박해가 또 찾아옵니다.

이것은 주님의 마지막 말씀입니다. 이것으로 주님은 제자들과 우리 모두에게 작별 인사를 하십니다. 사탄이 공격할 때 대항할 다른 담력은 없으며 오직 이것만이 우리가 취할 용기 있는 행동입니다.

만일 네(사탄)가 원하는 모든 것을 내게 행한다고 할지라도 너는 주 그리스도에게 아무것도 행하지 못할 것이다. 나는 너를 잠깐 인내하고자 한다.

결국 여러분은 그리스도의 승리가 우리의 승리임을 볼 수 있습니다. 그렇게 환난과 위로는 서로 함께 갑니다.

세상은 위로하되 악(환난)을 제거하면서 합니다. 하지만 그리스도는 위로하지 않고 환난을 지지합니다. 오히려 환난을 부과하여 그것이 우리에게 머물도록 하십니다. 따라서 모든 그리스도인은 기뻐해야 하며 이런 말씀을 통하여 위로받고 다음과 같은 사실에 감사해야 합니다. 즉 이 말씀이 그리스도에게서 왔다는 사실, 자신이 어떻게 기대하며 기다려야 하는지를 알고 있다는 사실, 그리고 진짜 걱정 앞에서 어리석고 참지 못하는 것이 아니라 "그것은 일어나야만 한다"고 말하며 인내할 수 있다는 사실입니다. 그래도 마음이 편치 않을 수 있습니다. 그럼에도 다음과 같이 나를 자신의 승리에 담대하게 의지하라고 명하시는 주 그리스도가 계시기에 저는 편안합니다.

내가 세상을 이기었노라. 나를 멸망시키려 하는 세상은 이미 패배한 것이다.

이 말씀은 가련하고 비참한 그리스도인에게 속한 것입니다. 그리스도인은 자신이 세상에서, 그리고 환난 가운데서 살지만 위로와 승리 속에 있다는 것을 압니다. 저는 죄인이며 죽을 것이라고 느낍니다. 그러나 그리스도가 나를 의롭다 하시며 지금도 살아계신 분이라는 것을 압니다. 따라서 저에게 다른 승리는 필요하지 않습니다.

### 금빛 나는 설교

오늘 본문 말씀은 그리스도께서 제자들과 저녁 만찬을 함께 하시면서 행하신, 사랑으로 가득찬 설교의 결론이자 이별의 말씀입니다. 이것이야말로 참으로 금빛 나는 설교입니다. 요한이 이것을 받아 기록한 데는 이유가 있었습니다. 그리스도는 자신에게 기도하는 모든 자를 위하여 기도하시는 분이라는 사실을 알도록 하기 위함이었습니다. 그리스도는 자신이 설교한 말씀이 역사하도록 간구하는 경건한 설교자와 같이 행하십니다.

## 설교 해설

이 설교는 토요일에 이루어진 요한복음 연속 강해설교 가운데 하나로 1528년 8월 1일 토요일에 행해진 것이다. 성경 본문은 요한복음 16장 33절 한 구절이며 루터는 1528년 6월 6일부터 8월 1일까지 요한복음 16장에 대해 8번 설교했고, 이 설교로 요한복음 16장을 끝맺었다.

루터는 부겐하겐의 위탁을 받아 1528년부터 1529년까지 토요일에 요한복음 강해설교를 하였다. 1528년 6월 6일부터 1529년 3월 13일까지 단지 아홉 번의 토요일을 제외하고는 매주 토요일에 설교했을 정도로 주말설교는 거의 규칙적으로 이루어졌다. 이때 강해된 본문은 요한복음 16장부터 20장까지다. 토요일 예배에서 요한복음을 강해한 것은 『독일어 미사와 예배의 규정』(1526)에 따른 것이다.

루터는 요한복음 16장 33절을 금으로 써야 할 만큼 중요하고도 귀한 말씀으로 간주한다. 인생은 고난의 골짜기의 연속이다. 하지만 비신앙인들과 달리 그리스도인들은 "나는 그리스도 안에서 평안을 누린다"고 말한다. 어떻게 환난과 괴로움 속에서 평안과 위로를 받을 수 있는가? 평안과 위로는 오직 그리스도 안에, 그리스도의 말씀에, 그리고 "너희가 세상에서 걱정하고 환난을 겪을 때 담대하라"라는 말씀에 담겨 있다.

누가 패배하고 묶이고 붙잡힌 존재를 무서워하겠는가! 이 존재(죄, 세상, 죽음, 사탄)는 물론 미친 듯이 펄펄 뛰고 잔인하게 행할 수 있으며 연속적으로 물고 뜯고 이를 드러내 보일 수 있으나, 자기 자신 외에 누구에게도 전혀 해를 줄 수 없다. 세상, 사탄, 죄, 죽음을 응시해 보라. 이것들은 이미 패배했다. 오 주님, 우리가 이것을 믿을 수 있도록 도우소서. 아멘![116]

루터는 그리스도가 가진 모든 것을 우리에게 선물로 주신다는 것보다 더 아름다운 말씀은 없다고 말한다. 그리스도는 바로 이 십자가에서 이기셨다. 패배함으로 승리하신 것이다. 이렇게 우리도 환난과 고난을 겪을 때 그리스도를 바라봄으로 승리할 수 있다.

---

[116] WA 48,191. Nr. 257. - 이것은 "담대하라. 내가 세상을 이기었노라"는 말씀에 대한 루터의 메모이다. 이 외에도 다음과 같은 유익한 메모들이 전해진다. "이 말씀에서 그리스도가 우리를 위해서 모든 것을 겪으시고 행하셨다는 사실이 분명해진다. 왜냐하면 그리스도는 '담대하라, 너희가 세상을 이겼다'고 말씀하는 것이 아니라 '내가 세상을 이긴 것이 너희의 위로이다. 내 승리는 믿는 너희의 구원이다'라고 말씀하기 때문이다"(WA 48,191. Nr. 256); "오 사탄이여, 지금 너의 분노는 어디에 있는가? 세상이여, 너의 악의(惡意)는 어디에 있는가? 육체여, 너의 싸움은 어디에 있는가? 여기에 승리가 있다. 이날은 주님께서 행하신 날, 우리 모두 즐거워하고 기뻐하자. 그렇게 하나님이 우리를 위하시면 누가 우리를 대적하리요?"(WA 48,190-191. Nr. 255).

그리스도가 세상을 이기심으로 우리에게 평안하고 담대하라고 하신 말씀을 마음속에 금으로 새기라!

우리의 평안과 위로의 근거는 우리의 행위가 아니라 오직 그리스도께 있다. 그래서 기독교 신앙이란 바로 자기 자신으로부터 그리스도께 가는 것이다. 여기에서 위로가 온다. 얼마나 달콤하고 적절하며 금같이 귀한 말씀인가! 무슨 일이 일어난다고 해도 "그냥 내버려 두고 그리스도께 매달리고 그리스도께 간청하라!" 우리가 마음 중심으로부터 그리스도에게 매달린다면 환난과 걱정에서 벗어나게 될 것이다. 그리스도의 승리가 나의 승리이기 때문이다.

## 루터 설교 18

# 버림받으신 예수 그리스도

성서 본문: 요한복음 18장 1-3절

### 그리스도 고난의 역사

요한복음 18장 1절에서 요한은 그리스도의 고난(고난의 역사)에 관해 말씀하기 시작합니다. 우리는 그리스도 고난의 역사를 한 부분씩 택하여 다루려 합니다. 교황의 교회에서는 고난주간 성금요일에 7시간 또는 8시간 동안 설교를 합니다. 그러나 여러분은 우리가 이런 긴 설교를 그만두었음을 알고 있습니다. 우리는 이러한 관습을 바꾸어 사람들이 그리스도의 고난과 죽음에 관한 설교로부터 유익과 능력을 얻도록 연중 설교합니다. 우리는 고난에 대해 알고 있습니다. 여러분은 매년 그리스도의 고난에 대해 듣습니다. 여기서 우리는 어떻게 그리스도의 고난으로부터 유익함을 얻는지 주목해야 합니다.

그리스도의 마지막 행적은 바로 기도입니다(참조. 요 17장). 그는 기도로 제자들과 이별합니다. 그리스도는 기도를 마친 후 사제가 되고 참된 희생제물이 됩니다. 즉 스스로 십자가 나무 위에서 희생하기로 하십니다. 이것이 바로 고난입니다. 복음서 기자 요한은 이것에 대해 다른 복음서 기자들과 다르게 묘사합니다. 다른 복음서 기자들이 생략한 것을 요한은 첨가합니다. 즉 주님이 겟세마네 동산에 어떻게 갔는지, 유다가 그곳에 어떻게 도착했는지 등, 여러 장소와 사람, 그리고 시간을 구체적으로 기록합니다. 여기서 그리스도의 고난 역사를 보다 진지하게 숙고하도록 하기 위한 요한의 의도를 엿볼 수 있습니다.

### 기드론 시내를 건너시다

예수님은 말씀을 마치신 후 제자들과 함께 기드론 시내 저편으로 가셨습니다. 요한은 곧바로 예수 그리스도의 고난에 대한 서론을 말합니다. 요한이 여기서 기드론 시내를 언급한 일, 그리고 예수님이 저편 동산으로 건너가셨다는 것은 언급할 필요가 없는 것처럼 보입니다. 그러나 요한은 두 가지 이유를 들어 그 이유를 설명합니다. 첫째, 모든 상황을 보여주고 아무것도 빠뜨리지 않음으로 우리가 이 고난 역사를 확신하며 그리스도의 고난에 관한 말씀을 굳게 믿도록 하기 위함입니다. 둘째, 요한 역시 이것을 가지고 기도하기 위함인데, 시내의 이름이 그리스도의 고난과 매우 조화롭기 때문입니다.

요한은 그리스도께서 실제로 기드론 시내를 건너가셨다고 생각했습니다. 모든 것이 이처럼 하나의 일과 맞아떨어질 때 이교도들은 그런 것을 징후(전조)라고 말합니다. 요한은 감람산과 아름다운 장소에 관해서는 침묵하며, 그리스도가 실제로 기드론 시내로 가셨다고 말합니다. 요한은 그의 복음서에서 이와 같은 어법을 더 많이 사용하는데, 이것을 통해 장소와 이름이 근본적으로 서로 일치하는 것을 보여줍니다. 기드론은 독일어로 '검은 시내' 혹은 '어두운 시내'라고 합니다. 기드론 시내는 예루살렘 바로 앞에 있으며 그리 크지 않습니다. 그러나 비가 오면 기드론 시냇물은 세차게 흐릅니다. 이 시내가 기드론이라 불리는 이유는 그만큼 깊고 어둡기 때문입니다. 게다(Kedar)[117]라는 곳에는 관목이 무성하며 촘촘히 자라 있습니다. 물은 거의 볼 수 없습니다. 즉 요한이 말하려 하는

---

117 기드론 계곡 위쪽 산등성이에 위치한 정주지이다.

것은 그리스도는 매우 어두운 시내를 건너가셨다는 것입니다. 그렇습니다. 검은 시내를 건너셨습니다. 요한은 이 어두운 시내가 그리스도의 붙잡힘과 죽음의 일을 나타내는 데 가장 적합하다고 생각했습니다.

### 겟세마네 동산

동산 있는 그곳으로 예수님과 제자들이 가셨습니다. 이 동산을 다른 복음서 기자들은 겟세마네, 즉 '비옥한 계곡'으로 부릅니다. 이것은 감람산과 예루살렘 사이에 놓여 있는 골짜기입니다. 저녁에 그리스도는 이 동산에 가셨습니다. 겟세마네는 좋은 저지대이자 초지(草地)로 열대 식물들이 잘 자라는 멋진 동산입니다. 그렇다면 왜 요한복음서 기자는 기드론 시내와 동산을 알리려 했을까요? 우선 그리스도가 비록 유대 민족과 모든 세상의 왕이고 주(主)이지만, 이 땅에서 집이나 방이 없을 정도로 가난했음을 보여 주기 위함입니다.

그리스도의 습관은 저녁때까지 예루살렘에 머물다가 그 후에 이 동산이나 베다니로 가시는 것이었습니다. 그는 밤에는 도시에 머물지 않으셨습니다. 경건한 백성들은 하룻밤도 그리스도를 재워

주지 않았고, 그리스도 자신도 그것을 원하지 않으셨습니다. 그리스도는 이렇게 자주 하셨고 유다는 그것을 알고 있었습니다. 그래서 그리스도가 여기에 계신지를 유다가 어떻게 알았는지 말할 필요가 없었습니다.

## 찾거나 피할 대상이 아닌 십자가

왜 그리스도는 도망가지 않으셨을까요? 그리스도는 십자가 앞에서 도망치는 것을 원하지 않으셨습니다. 그는 일곱 번이라도 도망가실 수 있었습니다. 그러나 그리스도는 습관을 따라 자신의 길을 가셨습니다. 이 사실로부터 우리는 다음과 같은 일반적인 가르침을 얻을 수 있습니다. 즉 우리는 십자가를 찾아서도, 십자가를 피해서도 안 된다는 것입니다.

그리스도는 내게 육체와 그 육체에 필요한 먹을 것과 집을 주셔서 나로 하여금 육체를 존중하도록 하셨습니다. 누구도 자신의 육체를 상하게 하거나 아프게 해서는 안 됩니다. 하나님께서 건강한 육체를 만드신 것은 일하고 일한 후에 먹을 양식과 휴식을 갖도록 하기 위함입니다. 이것은 제4계명에서 명령된 바와 같습니다(출 20:9-10). 하나님께서는 자신의 피조물을 먹여 살리시는 여러분의 주(主)이십니다. 그분이 피조물을 창조하신 것은 피조물들이 몰락하게 하기 위함이 아니라 회복되도록 하기 위함입니다.

육체는, 일해야 하며 그런 후에 먹을 것과 옷과 휴식을 가져야 한다고 명령받은 하인과 같습니다. 우리는 육체를 괴롭혀 육체가 악의적이고 음탕하게 되도록 해서는 안 됩니다. 그렇다고 불행을 추구해서도 안 됩니다. 하나님께서는 육체에게 악을 멀리하는 본성을 주셨습니다.

반대로 하나님께서 우리에게 불행을 주신다면 우리는 이것을 짊어져야 하며 결코 불행으로부터 도망쳐서는 안 됩니다. 만일 하나님께서 당신의 육체가 해결책 없는 병에 걸리게 하신다면 불평하지 마십시오. 주님께서 오늘 말씀에서 고난을 추구하거나 피하지 않으신 것처럼 당신도 당신의 병을 감당하시기 바랍니다. 이것이 주님의 고난 역사가 주시는 교훈입니다.

**로마의 공권력 이용**

그리스도를 배신한 유다는 그리스도가 가신 장소를 알았습니다. 이곳은 그리스도가 평소 습관대로 다니신 장소였습니다. 그래서 그는 이곳으로 군대를 불러왔습니다. 이때 일어날 수 있는 모든 사태에 대비해 세심하게 두 부류의 무리와 함께했습니다. 하나는 로마 군대이고 다른 하나는 대제사장과 바리새인들의 종들이었습니다. 이들을 이용해 교활한 유다는 자신이 소요를 일으킨 자로 여겨지지 않도록 아주 그럴듯하게 일을 꾸몄습니다. 이를 위해 로마의 공권력을 동원했던 것입니다.

이것은 유대인에게는 적절하지 않은 일이었습니다. 유대인들의 생사를 결정하는 '피의 재판'(중죄인 형사재판)은 로마인들에 의해 진행됩니다. 그래서 바리새인과 서기관들은 빌라도의 기사들과 시종들을 데리고 간 것입니다. 그들은 로마의 공권력 없이는 주님을 붙잡는 데 그렇게 대담하지 못했을 것입니다.

그들은 이 일을 백성들 앞에서 빌라도의 병사들과 함께 추진했습니다. 만약 빌라도의 병사들 없이 이 일을 추진했다면 종려주일에 입성하신 그리스도를 지지하는 민중들이 격분했을 것입니다. 그들은 다음과 같이 생각했습니다.

우리가 빌라도와 그의 병졸과 함께 한다면 도시는 분명히 조용할 것이다.

로마의 병졸들과 기사들을 얻기 위해 그들은 돈을 썼습니다.

**버림받으신 그리스도**

그리스도는 이제 천사와 모든 세상적인 공권력으로부터 홀로 남게 됩니다. 로마인들이 그리스도의 대적자들 편이라는 사실은 그들에게 기를 살려주기에 충분했습니다. 결국 그리스도의 제자들도 그리스도를 배반했습니다. 아! 이 얼마나 말도 안 되는 상황입니까! 그가 예루살렘에서 설교할 때에는 누구도 감히 그를 붙잡으려 하지 못했습니다. 그러나 지금은 민중과 공권력이 힘을 합하여 그를 배반합니다. 그는 모든 사람으로부터 버림을 받아야만 했습니다. 이것은 시편 8편 6절에서 말하는 바와 같습니다.

당신은 그를 잠깐 하나님으로부터 버림받도록 할 것이다.[118]

우리 군주가 전쟁에서 패하여 비텐베르크 도시가 포위당하게 된다면 우리는 누가 바른 그리스도인인가를 보게 될 것입니다. 복음을 따르는 자들은 분명 악인들의 손에 넘겨지게 되고 제후들로부터 버림받게 될 것입니다. 마치 당시 백성들이 바리새인들에게

---

118 이 말씀은 다른 옛 번역본에 따른 것으로 보인다.

넘어간 것처럼 말입니다.

그리스도인이 되고자 하는 사람은 누구의 도움 없이도 스스로 굳세도록 힘과 능력을 추구해야 합니다. 곤경 가운데에서 멍하니 바라보고만 있어서는 안 됩니다. 다른 곳에서 도움을 구해야 합니다. 여기서 그리스도가 분명 우리의 모델이 되어야 하며 "오른쪽을 살펴보소서. 나를 아는 이도 없고 나의 피난처도 없고 내 영혼을 돌보는 이도 없나이다"라는 시편 142편 4절 말씀처럼 우리는 하나님의 은혜를 통해 우리의 힘이 바로 우리 안에 있음을 알아야 합니다. 기꺼이 돕고자 원했던 사람들은 낙담했으며 도울 수 없었습니다. 그러므로 우리는 우리의 힘을 우리 자신 안에 가져야지, 다른 사람을 의지해서는 안 됩니다. 그래서 주님은 전에 그렇게 말씀하신 것입니다.

> 보라, 너희가 다 각각 제 곳으로 흩어지고 나를 혼자 둘 때가 오나니 벌써 왔도다. 그러나 내가 혼자 있는 것이 아니라 아버지께서 나와 함께 계시느니라(요 16:32).

당신은 당신 군주의 호의를 의지해서는 안 됩니다. 또 다음과 같이 생각해서도 안 됩니다.

나는 도시 안에 있다. 그러므로 뮐하우젠(Mühlhausen)에 있는 뮌처(Müntzer)[119]와 달리 걱정이 없다.

만일 군주가 패하여 떨어져 나가면 무슨 일을 할 수 있을까요? 여러분은 지금 마음에 생각하는 것처럼 그렇게 행동하려고 합니까? 그리스도가 잡히기 전까지 민중 역시 그리스도에게 붙어 있기를 원했습니다. 그러나 지금은 모두 떨어져 나가고 그리스도 홀로 남았습니다. 그렇지만 그리스도는 사실 혼자 남은 것이 아닙니다. 하나님 아버지께서 그와 함께하셨습니다.

### 고독의 절정에서 함께하신 하나님

그리스도인도 다음과 같이 말합니다.

나는 백성과 공권력과 제자들이 떠나 버린 그리스도처럼 버림을 받았다. 우리는 대적자들과 함께 살아야 한다. 그렇지만 나는 혼자가 아니다.

우리는 사는 동안 내내 이러한 능력을 배워야만 합니다. 혹시

---

119  급진종교개혁가로서 1525년경 농민전쟁의 주역이었다.

지금 폼머(Pommer) 출신의 박사 부겐하겐[120]이 저와 다르게 설교한다 할지라도 여러분은 이렇게 말해야만 합니다.

나는 내가 아는 사람 곧 그리스도에게 머물 것이다.

아버지가 그리스도와 함께하고 그를 홀로 내버려 두지 않으신 것처럼 그리스도 역시 모든 그리스도인과 함께하십니다. 이것은 무엇보다도 죽음의 상황에서 정말로 그래야 합니다. 죽음 앞에서는 아무도 도울 수 없습니다. 어떤 군주도, 어떤 여인도, 그리고 어떤 자녀도 대신할 수 없습니다. 그리스도 고난의 첫 부분은 바로 "홀로 남겨지고 모든 사람으로부터 버림을 받았다"는 것입니다.

엘리사는 이런 기술을 매우 잘 다룰 줄 알았습니다(참조. 왕하 6:13 이하). 시리아 왕이 도시를 에워쌌을 때 엘리사의 시종은 다음과 같이 말합니다.

우리는 적의 손안에 있습니다.

그러나 이 선지자에게는 모든 것이 아무것도 아니었습니다. 그

---

120 '폼머 출신' 또는 사본의 '폼머 출신 요한'은 루터가 설교자로 있던 비텐베르크 시립교회의 담임목사 부겐하겐을 가리킨다.

는 마치 숲을 지나가듯 적들 사이를 지나가며 말합니다.

우리와 함께 있는 자들이 저들과 함께 있는 자들보다 많다.

그러나 병력이 도시를 에워쌌습니다. 그 많은 수가 어디에 있었습니까? 엘리사는 하나님께 시종의 눈을 열어 달라고 기도했습니다. 수천 만의 천사들이 있었으나 감춰져 있었습니다.

작센(Sachsen)의 군주가 몰락한다고 할지라도 우리는 그리스도를 꽉 붙드는 법을 배워야 합니다. 그리스도가 나와 함께 있다면 작센의 제후가, 아니 심지어 황제가 몰락해도 상관없습니다. 이것은 내 머리카락 한 가닥이 모자에서 떨어지는 정도에 불과합니다. 그리스도는 자신의 거룩한 천사의 군대 전체와 함께 존재하십니다. 여기서 우리는 그리스도의 모범을 배워야 하며 주목해야 합니다. 그런 후에 사제이신 그리스도에 대해 배워야 합니다. 그리스도인의 고난은 고독과 함께 시작합니다. 당신도 홀로 남겨질 수 있습니다. 지금은 그렇지 않더라도 죽음의 상황에서 그렇게 될 수 있습니다. 그러므로 모든 그리스도인은 자신 안에 힘이신 그리스도를 갖도록 주의를 기울여야 합니다. 요한복음 14장 18절에서 "내가 너희를 고아와 같이 버려두지 아니하고 너희에게로 오리라"고 약속하신 것처럼 그리스도는 우리의 유일한 위로이며 조력자이십니다.

## 설교 해설

이 설교는 1528년 11월 7일 토요일에 요한복음 18장 1-3절을 본문으로 선포된 것이다. 루터는 1528년 11월 7일부터 1529년 3월 20일까지 토요일마다 요한복음 18-19장을 가지고 예수 그리스도의 고난에 관한 13편의 설교를 했다. 이 기간에 담임목사 부겐하겐은 북독일의 교회개혁 때문에 비텐베르크를 떠나 있었기 때문이다. 비텐베르크 교회에서는 이전부터 수요일마다 마태복음을, 토요일마다 요한복음을 강해했는데,[121] 이것은 루터의 예배에 관한 신학적 고찰의 결과물인 1526년의 『독일어 미사와 예배의 규정』[122]과 일치한다.

이 설교에서 강조되고 있는 예수 그리스도의 고난의 중심은 홀로 남겨지고 버림받은 그리스도이다. 루터는 유다가 로마 군대와 대제사장, 바리새인의 시종들과 함께 예수를 잡으러 온 당시의 정치적 상황을 자세하게 설명하면서 그리스도가 이러한 세상적인 공권력으로부터 홀로 남게 되었음을 강조한다. 또한 그리스도는 천사와 백성, 그리고 제자들로부터도 버림받았다. 이렇게 홀로 남고 버림받은 그리스도의 모습이 그리스도의 첫 번째 고난이다.

---

[121] 이에 대해서는 "하나님의 거처인 그리스도인" 참조. – "… 요한복음의 말씀은 자주 설교하고 일 년 내내 듣는 말씀입니다".

[122] WA 1972-113.

루터는 그리스도가 하나님에 의해 버림받았으되, 단지 부분적으로가 아니라 완전히 버림받으셨음을 강조한다. 하지만 동시에 간과하지 말아야 할 사실은 하나님께서 이 고난 속에 함께 하셨다는 것이다. "아버지가 그리스도와 함께하고 그를 홀로 내버려 두지 않으신 것처럼, 그리스도 역시 모든 그리스도인과 함께하십니다."

　이 설교에는 복음서 저자 요한에 대한 루터의 평가가 암시되어 있다. 요한에 대한 직접적인 언급은 없으나 그가 다른 복음서 기자들과 다르다는 것을 강조하며 그에게 높은 점수를 주고 있다. 요한은 단지 사실(what)을 서술한 것이 아니라 사건이나 역사가 주는 유익(why)에 더 관심을 두었기 때문이다.

# 설교 출처

1. 원문: WA 34II,443-449. - 이 설교는 뢰러(Georg Rörer, 1492-1557)와 뉘른베르크(Nürnberg) 필사본을 통해 우리에게 전해졌다. G. 뢰러의 필사본은 근세초기독일어와 라틴어를 섞어 속기 형태로 기록되었고 루터의 설교 필사본 가운데 가장 신뢰할 만한 것으로 인정받는다. 또한 뉘른베르크 필사본은 뢰러의 필사본과는 별개로 루터의 설교를 적은 것으로, 근세초기독일어와 라틴어가 섞어 있고 중요한 내용이 완전한 문장으로 되어있는 경우가 적지 않아 뢰러의 필사본보다 정확하고 이해하기 쉬운 경우가 많다.
번역서: G. Buchwald ed., Predigten D. Martin Luthers, Vol. 2, 573-577; W. Metzger ed., Predigten über die Christusbotschaft, 49-54.

2. 원문: WA 34II,508-514. - 이 설교는 G. 뢰리와 뉘른베르크 필사본을 통해 우리에게 전해졌다.
번역서: W. Metzger ed., Predigten über die Christusbotschaft, 63-67.

3. 원문: WA 46,285-289. - 이 설교는 G. 뢰러와 스톨츠(Johann Stoltz, 1514-1556, 바이마르 궁정목사)의 필사본을 통해 전해졌다.
번역서: E. Mülhaupt ed., D. Martin Luthers Evangelienauslegung, Vol. 5, 130-133.

4. 원문: WA 29,366-373. - 이 설교는 네 필사본(G. 뢰러, 포악(Andreas

Poach, 1515~1585), 뉘른베르크)을 통해 우리에게 전해졌다.

번역서: W. Metzger ed., Predigten über die Christusbotschaft, 225-233; E. Ellwein ed., D. Martin Luthers Evangelienauslegung, Vol. 4, 435-440.

5. 원문: WA 17I,414-418. - 이 설교는 G. 뢰러의 필사본과 후에 편집된 『교회 설교집』(Kirchenpostille)을 통해 우리에게 전해졌다. 참조. WA 10I2,370-381: 로트(Stephan Roth, 1492-1546)가 편집한 『여름설교집』(Sommerpostille)/ WA 22,260-275: 크루치거(Caspar Cruciger, 1504-1548)가 편집한 『여름 설교집』. - 『교회 설교집』은 루터가 편집에 직접 개입한 것이 아니기에 다루는 데 주의해야 하지만, 약어와 생략이 많은 G. 뢰러의 필사본을 이해하는 데는 도움이 된다. 『설교집』(Postille)은 신학교육을 제대로 받지 못한 설교자들에게 설교 준비에 도움을 주는 책인 동시에 개인이나 모임에서 경건을 위해 낭독하기 위한 책이었다. 그래서 자세하고 체계적으로 편집되어 있다.

번역서: E. Mülhaupt, D. Martin Luthers Evangelienauslegung, Vol. 2, 183-188; J. N. Lenker ed., Sermons of Martin Luther. The Church Postill, Vol. 5, 102-117.

6. 원문: WA 34I,181-189. - 이 설교는 두 필사본(G. 뢰러와 뉘른베르크)을 통해 우리에게 전해졌다.

번역서: W. Metzger ed., Predigten über die Christusbotschaft, 88-95; G. Buchwald ed., Predigten D. Martin Luthers, Vol. 2, 156-161.

7. 원문: WA 2,147-153; Martin Luther. Lateinisch-Deutsche

Studienausgabe, Vol. 2: Christusglaube und Rechtfertigung, 68~85.

번역서: Kirsi I. Stjerna ed., The Annotated Luther, Vol. 2: Word and Faith (Minneapolis: Fortress Press, 2015), 17-24; 존 딜렌버거/ 이형기 역, 『루터 저작선』(서울: 크리스챤다이제스트, 1994), 137-144.

8. 원문: WA 37,146-148. - 이 설교는 G. 뢰러의 필사본과 디트리히(Veit Dietrich, 1506-1549)의 『가정 설교집』을 통해 우리에게 전해졌다. - 1544년 V. 디트리히가 편집 출간한 『가정 설교집』은 복음서 성구에 대하여 루터가 여러 가지 이유(무엇보다도 아플 때)로 가정에서 설교한 것을 근거로 하고 있다. V. 디트리히는 루터설교를 필사한 G. 뢰러의 필사본을 매우 자유롭게 사용하였다. 심지어 가끔 자신의 설교까지도 첨가했다. 그렇지만 그는 루터가 행한 강해의 의미를 일정한 형식을 취하여 정확하게 재현했다. 참조. G. Ebeling, Evangelische Evangelienauslegung, 33-34.

번역서: E. Mülhaupt, D. Martin Luthers Evangelienauslegung, Vol. 3, 305~308; K. Aland, Luther Deutsch, Vol. 8: Martin Luther. Die Predigten (Stuttgart: Klotz, 1965), 349-356.

9. 원문: WA 46,512-516. - 이 설교는 G. 뢰러와 J. 스톨츠의 필사본을 통해 우리에게 전해졌다.

번역서: E. Ellwein ed., D. Martin Luthers Epistelauslegung, Vol. 3, 250-252.

10. 원문: WA 29,291~302. - 이 설교는 세 필사본(G. 뢰러, 뉘른베르크와 코펜하겐)을 통해 우리에게 전해졌다.

번역서: E. Mülhaupt, D. Martin Luthers Evangelienauslegung, Vol. 5, 367-372; I. L. Sandberg trans., The 1529 Holy Week and Easter

Sermons of Dr. Martin Luther (St. Louis: Concordia Publishing House, 1998), 143-149.

11. 원문: WA 29,359-365. - 이 설교는 세 필사본(G. 뢰러, 뉘른베르크, A. 포악)을 통해 우리에게 전해졌다.
번역서: W. Metzger ed., Predigten über die Christusbotschaft, 217-224; G. Buchwald ed., Predigten D. Martin Luthers, Vol. 1, 416-422.

12. 원문: WA 34II,298-308. - 이 설교는 G. 뢰러와 뉘른베르크 필사본을 통해 우리에게 전해졌다.
번역서: E. Ellwein ed., D. Martin Luthers Epistelauslegung, Vol. 3, 40-46; G. Buchwald ed., Predigten D. Martin Luthers, Vol. 2, 509-515.

13. 원문: WA 7,795-802.
번역본: T. F. Lull, W. R. Russel ed., Martin Luther's Basic Theological Writings (Minneapolis: Fortress Press, 2012), 132-137.

14. 원문: WA 27,117-120. - 이 설교는 오직 G. 뢰러의 필사본을 통해 우리에게 전해졌다.
번역서: E. Mülhaupt ed., D. Martin Luthers Evangelienauslegung, Vol. 5, 331-338.

15. 원문: WA 29,269-281. - 이 설교는 네 필사본(G. 뢰러, A. 포악, 뉘른베르크, 코펜하겐)을 통해 우리에게 전해졌다.
번역서: E. Mülhaupt, D. Martin Luthers Evangelienauslegung, Vol. 5, 356-

362; G. Buchwald ed., Predigten D. Martin Luthers, Vol. 1, 362-368.

16. 원문: WA 32,302-305.
번역서: Karl Gerhard Steck ed., Martin Luther. Ausgewählte Schriften (Hamburg: Fischer, 1983), 239 이하; 『루터 선집. 제3권』(서울: 컨콜디아사, 1984), 95-98.

17. 원문: WA 28,66-69. - 요한복음 16장 설교는 G. 뢰러의 필사본에 의해서만 우리에게 전해졌다(요한복음 17-20장 설교는 G. 뢰러의 필사본으로, 그리고 C. 크루치거와 A. 포악에 의해 편집되고 인쇄되어 전해진다).
번역서: E. Ellwein ed., D. Martin Luthers Evangelienauslegung, Vol. 4, 541-544.

18. 원문: WA 28,201-209. - 이 설교는 G. 뢰러의 필사본을 통해 우리에게 전해졌으며, 이것을 보충 수정해 편집한 A. 포악의 두 인쇄본도 전해진다. 잘 알려진 것처럼 G. 뢰러의 필사본은 루터의 설교를 들으면서 직접 받아 적은 것이었기 때문에 빠진 부분이 있거나 간략한 형태로 되어 있는 반면, A. 포악의 인쇄본은 G. 뢰러의 필사본의 빠지거나 부족한 부분을 많이 보충했다.
번역서: E. Mülhaupt ed., D. Martin Luthers Evangelienauslegung, Vol. 5, 26-29.

# 참고 문헌

WA: D. Martin Luthers Werke. Kritische Gesamtausgabe. Weimar, 1883~2005.

루터/ 권진호 역.『루터, 구원을 설교하다』. 논산: 대장간, 2020.
루터/ 권진호.『루터에게 설교를 맡겨라』. 목회와 신학 총서 설교 제10권. 서울: 두란노아카데미, 2011.
루터/ 권진호 역.『루터를 안다』. 논산: 대장간, 2019.
권진호, 김정희.『루터, 겨울에 설교하다』. 서울: KMC, 2014.
권진호. "'매일의 설교자' 마틴 루터".「신학사상」145 (2009), 223-244.
_____. "그리스도의 싸움과 승리 - 그리스도의 십자가와 부활의 설교자 루터".「한국기독교신학논총」65 (2009), 63-82.
_____. "마틴 루터의 설교 이해".「신학과 현장」22 (2012), 277-304.
_____. "루터의 고난주간과 부활주간 설교의 핵심주제 '우리를 위한 그리스도'".「신학사상」148 (2010), 201-236.
_____. "루터의 장례설교에 나타난 그리스도인의 죽음에 관한 고찰".「한국교회사학회지」28 (2011), 165-195.
_____. "루터의 선행 이해. - 불의한 맘몬에 관한 설교(1522)를 중심으로".「신학과현장」28 (2018), 65-88.

Aland, Kurt ed. Luther Deutsch, vol. 8: Martin Luther. Die Predigten. Stuttgart: Klotz, 1965.
Asendorf, Ulrich. Die Theologie Martin Luthers nach seinen Predigten.

Göttingen: Vandenhoeck & Ruprecht, 1988.

Buchwald, Georg ed. Predigten D. Martin Luthers auf Grund von Nachschriften Georg Rörers und Anton Lauterbachs, vols. 2. Gütersloh: Bertelsmann Verlag, 1925/1926.

Ebeling, Gerhard. Evangelische Evangelienauslegung. Eine Untersuchung zu Luthers Hermeneutik. Darmstadt: Wissenschaftliche Buchgesellschaft, 1969.

Ellwein, Eduard ed. Luthers Epistelauslegung, Vol. 3: Die Briefe an die Epheser, Philipper und Kolosser. Göttingen: Vandenhoeck & Ruprecht, 1973.

_____. D. Martin Luthers Evangelienauslegung, Vol. 4: Das Johannes-Evangelium mit Ausnahme der Passionstexte. Göttingen: Vandenhoeck & Ruprecht, 1961.

Kwon, Jin Ho. Christus pro nobis. Eine Untersuchung zu Luthers Passions- und Osterpredigten bis zum Jahr 1530, Kieler Theologische Reihe 7. Münster: LIT, 2008.

Lenker, J. N. ed. Sermons of Martin Luther. The Church Postils. Grand Rapids: Baker, 1995.

Metzger, Wolfgang ed. Predigten über die Christusbotschaft. Stuttgart: Calwer Verlag, 1996.

_____. Predigten über den Weg der Kirche. Stuttgart: Calwer Verlag, 1996.

Mülhaupt, Erwin ed. D. Martin Luthers Evangelien-Auslegung, Vol. 2: Das Matthäus-Evangelium. Göttingen: Vandenhoeck & Ruprecht, 1960.

_____. D. Martin Luthers Evangelienauslegung, Vol. 3: Markus- und Lukas-Evangelium. Göttingen: Vandenhoeck & Ruprecht, 1961.

_____. D. Martin Luthers Evangelienauslegung, Vol. 5: Die Passions- und Osterpredigten aus allen vier Evangelien. Göttingen: Vandenhoeck & Ruprecht, 1950.

Sandberg, I. L. ed. The 1529 Holy Week and Easter Sermons of Dr. Martin Luther. St. Louis: Concordia Publishing, 1998.

Steck, Karl Gerhard ed. Martin Luther. Ausgewählte Schriften. Hamburg: Fischer, 1983.

보라, 네 왕이 네게 오신다 - 루터의 설교를 듣는다
지은이　권진호
펴낸이　정덕주
발행일　2021.10.31
펴낸곳　한들출판사
　　　　서울시 종로구 대학로 19(기독교회관 1012호)
　　　　등록 제2-1470호. 1992년
ISBN　　89-8349-792-5　93230
홈페이지　www.handl.co.kr
전자우편　handl2006@hanmail.net
전화　　편집부 02-741-4069
　　　　영업부 02-741-4070